Die gesunde Vorratskammer

Für Johannes, Tiffanie, Leonie und Amelie

Bildnachweis:
iStockphoto.com: Cover, Umschlagrückseite, 37, 39, 47, 51, 55, 58, 66, 77, 85, 89, 97, 101, 109, 115
fotolia.de: 42, 43, 63, 68, 95, 105
dreamstime.com: 81
Autorenfoto beigestellt

Impressum:

Copyright: Kneipp-Verlag GmbH und Co KG
Lobkowitzplatz 1, A-1010 Wien
www.kneippverlag.com
www.facebook.com/KneippVerlagWien

ISBN: 978-3-7088-0579-5

Autor: Mag. Dr. Heide Steigenberger
Lektorat: Mag. Waltraud Wetzlmair-Zechner
Umschlaggestaltung: Christian Graf-Simpson
Art Direction/DTP: Werner Weißhappl, plan_w
Druck: Theiss GmbH, A-9431 St. Stefan
Printed in Austria

1. Auflage, April 2013

Heide Steigenberger

Die gesunde Vorratskammer

Natürlich eingekocht, eingelegt und haltbar gemacht

kneipp verlag
WIEN

Inhalt

Vorwort

In meiner Kindheit hatten wir im eigenen Garten einen alten Apfelbaum, dessen Äpfel meist wurmstichig waren und daher nicht zum Reinbeißen einluden. Meine Mutter bereitete aber die köstlichsten Strudel und andere Apfelspeisen genau mit diesen Äpfeln zu.

Auf dem herrenlosen Nachbargrundstück luden Apfel-, Birn- und Zwetschkenbäume nicht nur zum Klettern ein, sondern auch zum Ernten.

In Omas Garten wuchs eine bunte Palette an Gemüse, wie Fisolen, Erbsen, Karotten, Salat, Spinat, Radieschen, Kohlrabi etc. Kräuter wurden ohnehin nur geerntet und nie gekauft.

Ein Weichselbaum, Kirschbaum, Zwetschkenbaum, Mandelbaum, Nussbaum, Marillenbaum, Himbeersträucher und stachelige Brombeersträucher, Ribiselstauden, bei denen man erst das Netz gegen die Vögel heben musste, um an die köstlichen Früchte zu gelangen – all das war für mich selbstverständlich.

Nun möchte ich meine Familie so ernähren, wie ich selbst aufgewachsen bin: mit viel frischem Obst und Gemüse – aus der eigenen Region, zur jeweiligen Reifezeit.

Auch ich kann einiges in unserem Garten ernten, vor allem Apfelbäume und auch ein Kirschbaum „zwingen" mich regelrecht dazu, mir über die Obstverwertung Gedanken zu machen, denn das Fallobst lockt Bienen und Wespen und meine Kinder sollen nicht dauernd gestochen werden. Warum also nicht mit diesem ungespritzten Obst aus der Heimat etwas Köstliches kochen oder backen?

Der Kirschbaum stellt eine besondere Herausforderung dar, denn die Zeit der reifen Kirschen ist wirklich sehr kurz, höchstens eine Woche. Da kann es schon vorkommen, dass genau in dem Jahr, in dem es besonders viele Kirschen gibt, man eigentlich zur Reifezeit keine Zeit hat, sich um die Kirschen zu kümmern – und ein Jahr ohne eigenes Kompott und Kirschenmarmelade ist ganz schön lang. Mittlerweile ist mir fast nichts wichtiger als zur Reifezeit „meiner" Kirschen Marmelade und Kompott einzukochen. Für die Vögel bleibt auch noch genug, denn wir können den ganzen Baum ohnehin nicht abernten.

Äpfel können viele Wochen geerntet werden, vor dem Frost müssen allerdings dann alle geerntet sein. Wir haben leider keine Lageräpfel, daher lassen wir die Äpfel so lange wie möglich am Baum. Ich backe gerne Apfelstrudel mit dem Fallobst (friere auch die fertigen Strudel auf Vorrat ein) und friere fertig geschnittene Äpfel zur Weiterverwendung ein.

Doch trotz täglichem Apfelverzehr und Einfrieren bleiben viele Kilos über, also habe ich begonnen, Chutneys und Relishes mit Äpfeln auszuprobieren. Herrlich, kann ich nur sagen!

Ich möchte mit diesem Buch allen Interessierten Mut machen, selbst einzukochen, in welcher Form auch immer. Es ist wirklich keine Hexerei: Die Gläser mit Schraubverschluss sammelt man das ganze Jahr über, wäscht sie im Geschirrspüler bei hoher Hitze, arbeitet sauber beim Einkochen. Das Wichtigste ist, dass die Gläser beim Befüllen auf einem feuchten Geschirrtuch stehen (damit das Glas nicht wegen der Hitze springt!), das Eingekochte bis knapp unter den Rand eingefüllt wird, der Rand sauber abgewischt wird, das Glas fest verschlossen und sofort auf den Kopf gestellt wird. Nach dem Erkalten kann das Glas mit einem hübschen Etikett (Name und Datum) versehen werden.

Dann kann eigentlich nichts mehr schiefgehen!

Gutes Gelingen wünscht Ihnen
Heide Steigenberger

Einleitung

Obst und Gemüse sind sehr teuer geworden. Die Produkte haben oft einen langen Transportweg hinter sich und werden deshalb in vielen Fällen unreif geerntet. Erdbeeren aus China oder Weintrauben aus Peru sind keine Seltenheit mehr. Dass Obst und Gemüse quer durch Europa geführt werden, ist bereits normal. Wir nehmen Qualitätsverluste in Kauf, nur um das ganze Jahr über mit Obst und Gemüse versorgt zu werden.

Wer Obst und Gemüse allerdings kauft, wenn es am billigsten und am besten ist, und es fachgerecht konserviert, hat diese Güter auch dann zur Verfügung, wenn diese Lebensmittel schwer, teuer oder gar nicht zu bekommen sind.

Um diese frischen Lebensmittel **haltbar zu machen**, müssen sie weiterverarbeitet werden. Verschiedene Möglichkeiten stehen zur Verfügung:

1. Einkochen (Marmelade, Jam, Chutney, Relish, Kompott)
2. Getränkeherstellung (Saft, Sirup, Likör, Bowlen)
3. Speiseeiszubereitung
4. Einfrieren des Obsts
5. Verarbeitung zu (fertigen) Speisen und diese tiefkühlen
6. Herstellung einer eigenen Hausapotheke (Kräutertinkturen, Kräutersalben ...)

Vorratshaltung

Ein gut geführter Haushalt verlangt eine rationelle Vorratswirtschaft. Wer selbst Obst und Gemüse im Garten hat, wird zur Reifezeit eine größere Menge davon ernten, als er in dieser Zeit verbrauchen kann. Daher sollten diese Überschussmengen **auf Vorrat gehalten** und konserviert werden. Das gilt aber auch für gekauftes Obst und Gemüse: Es ist zur Reifezeit im Inland wesentlich billiger und von höherer Qualität. Daher sollte es zu dieser Zeit – am besten direkt beim Erzeuger – gekauft und haltbar gemacht werden. Das **Einkochen** – die beliebteste Methode des Konservierens – bereitet zwar Arbeit und Mühe, aber neben dem finanziellen Vorteil ist es auch eine Freude, für den Herbst und den Winter gut versorgt und unabhängig zu sein und noch dazu hohe Qualität vorrätig zu haben!

Jeder Haushalt sollte über eine **Vorratskammer, eine Speisekammer und/oder einen Keller** verfügen. Die Vorratskammer bzw. Speisekammer ist jener Bereich, der zur Aufbewahrung von Lebensmitteln dient: ein kühler, trockener Raum in der Nähe der Küche (möglichst schattig). Ein geräumiges Regal, ein Tisch, ein Kühlschrank bilden die Einrichtung. Der Keller soll trocken, kühl und dunkel sein und dient zur längeren Aufbewahrung von Kartoffeln, Kraut, Wurzelgemüse, Lagerobst, Eiern, Essiggurken und dergleichen.

Lebensmittel wie Mehl, Zucker, Salz, Essig, Teigwaren, Fett, Kaffee, Tee, Kakao, Gewürze können in größeren Mengen, z. B. einmal im Monat, gekauft werden und stehen dann griffbereit zur Verfügung. Achten Sie auf die **Haltbarkeit**: Reis, Teigwaren, Hülsenfrüchte, Öl, Salz und Zucker sind ein Jahr und länger haltbar, Grieß, Haferflocken, Essig, Gewürze, Kaffee und Tee im Durchschnitt ein halbes Jahr.

Alle Vorräte müssen stets **überprüft** und rechtzeitig ausgetauscht werden, damit sie nicht verderben.

Möglichkeiten der Lagerung

Obst

Sommerobst, wie Kirschen, Beerenobst, Zwetschken, Frühäpfel etc., lässt sich nur kurzfristig aufbewahren, indem man die Früchte möglichst kühl stellt und angefaulte Früchte sofort ausklaubt. Für die Wintereinlagerung kommen nur Äpfel und Birnen in Betracht.

Sehr wichtig sind dabei die Sorten:
Apfelsorten: Ananasreinette, Baumanns Reinette, Schöner von Boskop, Cox' Orangenreinette, Gelber Bellefleur, Kronprinz Rudolf, Champagnerreinette, London Pepping, Ontario, Bohnapfel, Welschbrunner und Steirischer Maschanzker

Winterbirnen: Pastorenbirne, Dechantsbirne, Winteralexander

Die Einlagerung muss in einem luftigen, nicht zu feuchten, dunklen Raum bei niedrigen Temperaturen (am besten 4 bis 6 Grad) erfolgen. Wurmstichige oder leicht angefaulte Früchte müssen sofort entfernt werden, um eine Weiterverbreitung zu verhindern.

Weintrauben müssen in einem kühlen Raum an eine Schnur gehängt werden. Die Stängelbruchstelle wird vorher in flüssiges Wachs getaucht.

Gemüse

Wurzelgemüse, wie Petersilienwurzel, Sellerie und Karotten, wird am besten im Keller in ein Sandbett gesetzt.

Rüben und Kraut, wie Rote Rüben, Weißkraut, Blaukraut, Kohl, Chinakohl, werden auf Regalen im Keller gelagert.

Bohnen und **Erbsen** können nur getrocknet aufbewahrt werden.

Zwiebel und **Knoblauch** werden in trockenem Zustand zu Kränzen geflochten und aufgehängt. Die Zwiebel darf nicht frieren, es aber auch nicht zu warm haben.

Pilze sollten sofort geputzt und aufgeschnitten werden. Sie sind maximal 24 Stunden frisch. Pilze können getrocknet werden oder in Essig eingelgt bzw. in Dunst gekocht werden.

Kartoffeln werden im Herbst eingekauft und an einem dunklen, frostsicheren Ort gelagert. Pro Person wird mit ca. 50 kg gerechnet.

Allgemeines zur Konservierung der Lebensmittel

Die **Konservierung von Lebensmitteln** ist auf mehrere Arten möglich:
1. Niedrige Temperaturen (Kühlschrank, Gefrierschrank)
2. Trocknen, Dörren, Räuchern, Selchen, Pasteurisieren
3. Luftdichtes Verschließen, Einlegen in Öl, Fett, Getreide, Alkohol
4. Zugeben von Konservierungsmitteln wie Zucker, Salz, Essig, Alkohol, Salizylsäure, Benzoesäure

Im Haushalt wird am häufigsten das **Einkochen bzw. das Dunstkochen** zur Haltbarmachung angewendet. Beim Kochen werden die Lebensmittel keimfrei gemacht, außerdem entsteht im Einsiedeglas ein luftleerer Raum, wodurch das Glas luftdicht verschlossen und das Einkochgut konserviert wird. Voraussetzung für gutes Gelingen des Einkochens ist jedoch **absolut sauberes Arbeiten**. Die Gläser und Deckel müssen fehlerfrei sein und mit einem heißen Waschgang in der Geschirrspülmaschine gewaschen sein. Vor der Verwendung werden sie noch einmal heiß ausgespült und zum Abtropfen auf ein sauberes Tuch gestürzt. Werden Gummiringe verwendet, so müssen diese unbedingt ausgekocht werden.

Einfrieren ist ebenfalls eine sehr beliebte Methode, um ausreichend Vorräte für die Wintermonate zu haben. **Gemüse** eignet sich sehr gut dazu. Brokkoliröschen, Karfiolröschen, Karottenstücke, Kohlrabi, Fisolen, Spinat ... werden gewaschen und kurz in kochendem Salzwasser blanchiert. Sofort unter kaltem Wasser abschrecken, abtropfen lassen und in Portionsgrößen in Gefrierbeuteln abpacken. Gemüse kann sehr gut in tiefgefrorenem Zustand (z. B. für Suppen oder Gratins) weiterverarbeitet werden.

Auch Obst kann problemlos eingefroren werden. **Äpfel** lassen sich so für den obstarmen Winter konservieren. Dazu die Äpfel schälen und fleinblättrig geschnitten in Portionssäckchen (z. B. je 300 g) einfrieren. Sie können die Äpfel später für Apfelkuchen, Kompott oder Süßspeisen verwenden.

Wenn Sie **Marillen** oder **Zwetschken** einfrieren möchten, halbieren und entkernen Sie die Früchte und schlichten Sie sie ordentlich nebeneinander in einen Gefrierbeutel oder in ein Tiefkühlgefäß.

Konservierungsregeln

1. Nur gesundes, frisches Einmachgut (Obst, Gemüse, Fleisch) verwenden!

2. Alle Gefäße (Flaschen, Gläser etc.) müssen sauber sein! Die Gefäße werden dazu in heißem Wasser mit einem Spülmittel gewaschen (oder im Geschirrspüler, heißes Programm!) und noch einmal mit heißem, klarem Wasser ausgespült. Zum Abtropfen auf saubere Geschirrtücher stürzen. Nicht mit Tüchern abtrocknen!

3. Gummiringe, Gummikappen oder Korken werden vor der Verwendung in heißer Reinigungslösung gewaschen und in klarem Wasser ausgekocht.

Konservierungsmethoden im Überblick

Die Tabelle gibt einen Überblick über die gängigen Verfahren, um Lebensmittel zu konservieren.

Konservierungsmethode	Beschreibung
Tiefgefrieren	* Ist die sicherste und natürlichste Methode, Essen längere Zeit frisch zu halten * Nimmt wenig Zeit und Kraft in Anspruch * Nahrungsmittel behalten ihr Aussehen, ihren Geschmack und Geruch, ihre Zusammensetzung und ihren Nährwert
Erhitzen, Sterilisieren	* Hitze tötet Kleinlebewesen und schließt die Luft ab * Verhindert das Eindringen von Bakterien * Natürlicher Geschmack und wertvolle Nährstoffe bleiben weitgehend erhalten * Solche Gläser sind lange haltbar * Für Obst, Gemüse und Fleisch
Einsalzen	* Wirkung beruht zum einen auf der wasserentziehenden Eigenschaft des Salzes und zum anderen auf der Entstehung der Milchsäuregärung * Hat bakterienhemmende Wirkung * Für Gemüse und Fleisch
Räuchern, Selchen	* Haltbarmachen einerseits durch Wasserentzug durch die erhöhte Temperatur und andererseits durch Bestandteile des Rauches * Je länger der Räucherprozess, desto länger ist das Fleisch haltbar * Der hohe Gewichtsverlust ist ein Nachteil
Milchsäure	* Gehört zu den ältesten Konservierungsstoffen * Wirkung wird bei der Herstellung von Sauerkraut, Sauergurken und anderem Sauergemüse genutzt * Auch tierische Produkte können auf diese Weise haltbar gemacht werden (z. B. Sauerrahm, manche Käsesorten) * Gesundheitlich sehr gut

Konservierungsmethode	Beschreibung
Essigzusatz	* Essig verhindert Gärung, Fäulnis und Schimmelbildung (Obst, Gemüse)
Alkoholzusatz	* Alkohol tötet alle Kleinlebewesen, ist aber nicht für alle Nahrungsmittel geeignet * Gut geeignet für Obst, allerdings muss der Alkoholgehalt berücksichtigt werden
Zuckerzusatz	* Größere Zuckermengen hemmen die Tätigkeit der Kleinstlebewesen und fördern das Gelieren (Eindicken) * Gut für Marmeladen, Gelees und Fruchtsäfte
Gelierende Zusätze, wie Opekta, Quittin, Gelierzucker, Agar-Agar	* Werden bei der Marmeladen- und Geleezubereitung verwendet * Sind reine Naturprodukte * Werden zum Teil aus Obst gewonnen * Sind nicht gesundheitsschädlich
Trocknen	* Den Lebensmitteln wird Wasser entzogen, daher verlieren Kleinstlebewesen die Möglichkeit, sich zu entwickeln
Chemische Zusätze	* Wirken meist hemmend auf Fäulnis und Gärung * Sollen nur mit Vorsicht verwendet werden * Kinder und Magenkranke sollten solche Produkte nicht essen

Verderben von Lebensmitteln

Lebensmittel verderben durch die Zersetzung ihrer organischen Substanz. Diese Zersetzung wird durch **Mikroorganismen** verursacht. Das sind mikroskopisch kleine pflanzliche Lebewesen, die zu den Pilzen gehören. Man unterscheidet Spaltpilze (Bakterien), Hefe- oder Sprosspilze und Schimmelpilze.

Die **Spaltpilze** sind Bakterien. Sie vermehren sich sehr rasch durch Teilung und bewirken:

* Milchsäuregärung, bei der aus Zucker Milchsäure gebildet wird
* Buttersäuregärung, die z. B. den ranzigen Geschmack der Butter hervorruft
* Essigsäuregärung, bei der Alkohol in Essig umgewandelt wird
* Fäulnis, das ist eine Zersetzung der Eiweißstoffe

Diese Bakterien benötigen zum Leben **Feuchtigkeit**. Durch das Haltbarmachen von Lebensmitteln wird das Verderben durch Schimmel, Fäulnis, Kahmbildung und Gärung für längere Zeit verhindert.

Schimmel entsteht auf Marmelade, wenn das Marmeladenglas nicht gut verschlossen war (Eindringen von Luft!), wenn sie zu wenig Zucker enthält bzw. wenn sie zu kurz gekocht worden ist.

Gärung wird durch wilde Hefepilze hervorgerufen und kann bei Säften, Marmeladen und zuckerreichen Konservierungen entstehen. Bei der Zubereitung von Most und Wein ist die Gärung allerdings erwünscht. Verhindern kann man die Gärung durch Luftabschluss und Erhitzen.

Kahmbildung entsteht bei sauren Gurken, sauren Bohnen oder Kompott und zeigt sich zuerst als dünne Haut, die dann immer stärker und faltiger an der Oberfläche wird. Kommt Luft hinzu, wird die Kahmbildung beschleunigt.

Fäulnis entsteht durch die Aktivität von Fäulnisbakterien. Solche verdorbenen Lebensmittel dürfen nicht gegessen werden. Besonders bei eiweißreichen Nahrungsmitteln muss auf Fäulnis aufgepasst werden.

Von der Marmelade bis zur Suppenwürze

In diesem Kapitel bekommen Sie einen Überblick über die beliebtesten Methoden, Lebensmittel kreativ und mit viel Geschmack zu verarbeiten und haltbar zu machen. Sie werden sehen: Ihre Vorratskammer ist im Handumdrehen aufgefüllt und Sie sind für die Zeiten, in denen frische, regionale Lebensmittel nur eingeschränkt zur Verfügung stehen, bestens gerüstet.

Dunstkochen von Obst und Gemüse

Obst und Gemüse, das man zum Einkochen verwenden möchte, sollte unmittelbar vor dem Einkochvorgang geerntet werden. Es muss richtig reif sein, darf aber nicht gequetscht sein.

Das **Konservieren durch Hitze** („im Dunst kochen", Sterilisieren, Einwecken, Einrexen, Einkochen) bewirkt, dass Gemüse und Obst durch das Erhitzen von Mikroorganismen, die Schimmel oder Fäulnis auslösen, befreit und somit haltbar gemacht werden.

Das Gemüse bzw. das Obst wird in **fest verschlossenen Gläsern im Wasserbad** durch Hitze haltbar gemacht. Das kann durch entsprechende Geräte (Einkochapparat, Einkochtopf) oder auch ganz einfach in der Backröhre des Herds erfolgen. Die speziellen Einkochgläser, in die Sie das Gemüse oder Obst zum Konservieren geben, müssen **gleich groß** sein. Schichten Sie die Gläser so in einen Topf bzw. in eine Pfanne, dass sich diese nicht berühren. Füllen Sie den Topf bzw. die Pfanne zu einem Viertel mit Wasser und schieben Sie das Gefäß mit den darin befindlichen Gläsern auf die unterste Schiene der Backröhre. Erhitzen Sie nun den Backofen und bringen Sie das Wasser und damit auch die Flüssigkeit in den Gläsern **leicht zum Köcheln**.

Ebenso können Sie **auf dem Herd** mit einem großen Topf das Gemüse oder Obst sterilisieren. Füllen Sie dazu einen Topf zu einem Viertel oder auch zur Hälfte mit Wasser. Stellen Sie die Gläser in das Wasser und bringen Sie dieses leicht zum Kochen. Geben Sie den Deckel auf den Topf – die Gläser müssen „im Dunst stehen“. Bei Temperaturen zwischen 75 und 95 Grad wird das Gemüse, das Obst eingekocht. Beachten Sie immer die Zeitangaben in den Rezepten bzw. in der Bedienungsanleitung Ihres Einkochgerätes.

Meine Lieblingsmethode: Ein tiefes Backblech 2 cm hoch mit heißem Wasser füllen. Die – möglichst gleich großen – Gläser darauf stellen und in die unterste Leiste des Backofens schieben. Die Gläser dürfen sich nicht gegenseitig und auch nicht die Wände des Backofens berühren. Ofen auf 175 Grad stellen (Ober- und Unterhitze). Diese Temperatur belassen, bis im Glas Luftbläschen aufsteigen.

Obst

Wenn Luftbläschen aufsteigen, den Backofen ausschalten und Gläser 30 Minuten im geschlossenen Ofen lassen.

Gemüse, Soßen, Fleisch etc.

Wenn Luftbläschen aufsteigen, Backofen auf 150 Grad zurückschalten und diese Temperatur 90 Minuten lassen. Dann den Ofen ausschalten und die Gläser weitere 30 Minuten im geschlossenen Ofen lassen.

Für **Kompott**, das Sie einlagern möchten, wird das Obst so dicht wie möglich in die Gläser gelegt und mit einer Zuckerlösung übergossen.

Kirschenkompott – Grundrezept

1 kg feste Kirschen waschen und abtropfen, dann dicht in Gläser pressen, bis oben füllen. Backofen (Ober- und Unterhitze) auf 175 Grad vorheizen.
Für die Zuckerlösung 2 l Wasser und 500 g Kristallzucker kochen lassen, bis der Zucker aufgelöst ist. Kochend über die Kirschen gießen (bis ca. 1 cm unter den Rand), Deckel gut verschließen, Gläser auf tiefes Blech mit Wasser stellen und in den Backofen geben. Achtung: Die Gläser dürfen sich nicht berühren!

Nach ca. 15 Minuten kontrollieren, ob in den Gläsern Luftblasen aufsteigen. Wenn Luftbläschen aufsteigen, Ofen abdrehen und die Gläser noch 30 Minuten im Backofen stehen lassen.

Weitere Rezepttipps für Kompotte finden Sie im Rezeptteil und im Anhang.

Wenn Sie **Gemüse** im Dunst kochen und konservieren möchten, probieren Sie die folgenden Rezepte aus:

Tomatenmark

Reife Tomaten vierteln und in eigenem Saft weich dünsten, pürieren und unter ständigem Rühren köcheln, bis die Soße zur Hälfte eindickt. Dann in Gläser füllen und in Dunst kochen.

Fisolen

Junge Fisolen schneiden, waschen und in kochendem Salzwasser einmal aufkochen, abseihen, fest in Gläser drücken, mit Salzwasser (1 l Wasser, 1 EL Salz) übergießen und in Dunst kochen.

Weitere Anregungen, welches Gemüse Sie mit Dunst einkochen können, finden Sie im Rezeptteil und im Anhang.

Marmelade

Für die Marmeladenzubereitung ist das **Passieren des Obstes** wesentlich – am besten mithilfe eines elektrischen Pürierstabes.

Das saubere, reife Obst wird geputzt, zerkleinert (Steinobst entkernt) und mit ca. 125 ml Wasser pro kg Frucht weich gekocht. Dann werden die heißen Früchte passiert/püriert, mit dem Zucker bis zur Gelierprobe gleichmäßig unter ständigem Rühren gekocht.

Nimmt man für 1 kg reines Fruchtmark 1 kg Zucker, so geliert die Marmelade in einer Kochzeit von 10 Minuten. Diese Einkochart ist die beste, da der Fruchtgeschmack voll erhalten bleibt.

Wird weniger Zucker verwendet, z. B. nur 500 g Zucker auf 1 kg Fruchtmark, dann verlängert sich die Kochzeit auf 40 Minuten. Durch diese lange Kochzeit verliert die Marmelade an Farbe und Aroma.

Verwenden Sie nur Früchte, die **reif**, aber nicht überreif sind. Nicht zuletzt danach richtet sich nämlich auch die Zuckerzugabe von mindestens 20 % bis höchstens 60 % Zucker auf 1 kg Frucht.

Achten Sie darauf, möglichst geeignete **Geliermittel** zu verwenden: Natürliches Geliermittel (Pektin) ist besonders in unreifen, grünen Obstsorten, vor allem in Äpfeln und Quitten, enthalten, daher gelieren Marmelademischungen mit diesen Sorten besonders gut. Weitere Geliermittel sind pulverisiertes Citruspektin (Konfigel), Gelatine (tierisches Geliermittel) und Agar-Agar (ein pflanzliches Geliermittel) sowie handelsübliche Geliermittel, z. B. Opekta oder Quittin, die jeweils nach Gebrauchsanweisung verwendet werden sollten.

Vorsicht: In fertigen Geliermitteln ist bereits Zitronensäure enthalten, man sollte daher wenig oder fast keine Zitronensäure mehr beifügen, weil dadurch die Gelierkraft herabgesetzt wird.

Bereiten Sie den **Geliervorgang** gut vor und vermischen Sie die Geliermittel vor der Verwendung mit Kristallzucker. Agar-Agar wird in Fruchtsaft oder Wasser kalt angerührt und kurz aufgekocht, Gelatine weicht man in kaltem Wasser ein und löst sie danach in warmer Grundmasse auf.

Am einfachsten und unkompliziertesten geht das Marmeladeeinkochen mit im Handel erhältlichem, **fertigem Gelierzucker**. Gelierzucker gibt es in unterschiedlichen Mengenverhältnissen. Dieses Verhältnis gibt an, wie viel Zucker auf wie viel Kilogramm Obst verwendet wird:
1:1 = 1 kg Zucker für 1 kg Obst
1:2 = 1 kg Zucker für 2 kg Obst
1:3 = 1 kg Zucker für 3 kg Obst

Ideal ist Gelierzucker 1:3, da dadurch ernährungsbewusst Zucker reduziert werden kann, die Marmelade aber dennoch einige Jahre haltbar ist.

Bei der Verwendung von Gelierzucker gilt folgende **Zubereitungsart**: Aufkochen des Fruchtmarks mit etwas Wasser, pürieren, Gelierzucker in der entsprechenden Menge zufügen, unter ständigem Rühren kochen (max. 10 Minuten), Gelierprobe machen, in **die vorbereiteten Gläser** einfüllen. Achten Sie darauf, Marmeladen nur **in eher kleinen Mengen** (ca. 3 kg Frucht) und nicht länger als etwa 4 bis 5 Minuten sprudelnd zu kochen. Nur so bleiben Farbe und Geschmack voll erhalten. Zudem sollte man Marmeladen beim Kochen bzw. vor dem Abfüllen unbedingt abschäumen.

Vorbereitung der Gläser: Gläser und Deckel in der Geschirrspülmaschine waschen, auf **feuchte Geschirrtücher** stellen (ganz wichtig, sonst springt das Glas aufgrund der Hitze der Marmelade), Deckel griffbereit hinlegen, Marmelade bis ca. 1 cm unter den Glasrand einfüllen, mit Deckel verschließen und **sofort das Glas auf den Kopf stellen** (so entsteht ein luftleerer Raum). Vor dem Verschließen muss der Glasrand **absolut sauber** sein, sonst entstehen undichte Stellen und die Marmelade wird schimmelig. Nach dem Erkalten die Gläser umdrehen und kühl und dunkel aufbewahren.

Machen Sie bei Marmeladen, Säften und Gelees die **Gelierprobe**: Leeren Sie dazu vor dem Abfüllen etwas heiße Frucht (Marmelade, Gelee oder Saft) auf einen kalten Teller und stellen ihn kurz in den Kühlschrank. Ist die Frucht zu dick, kann man sie mit etwas Wasser verdünnen. Ist die Frucht zu dünn, so sollte man noch etwas Geliermittel zugeben.

Verwenden Sie anstelle von Zucker getrost auch Honig, Roh-, Rohr- oder Vollwertzucker. Auch mit Süßstoffen und Tiefkühlfrüchten kann problemlos eingekocht werden.

Marmeladen müssen **nicht immer reinsortig** sein, die Früchte sollten nur von der Saison her zusammenpassen. Geschmacklich besonders empfehlenswert ist die Kombination von Holunder und Zwetschke, Holunder und Birne oder Erdbeere und Rhabarber. **(Hinweis: Im Anhang finden Sie reinsortige Marmeladenrezepte.)**

Halten Sie die fertigen Marmeladen vor dem endgültigen Einlagern im Keller (kühl, keine Sonneneinstrahlung) ungefähr eine Woche unter Beobachtung. Essen Sie niemals Marmeladen, an deren Oberfläche sich auch nur ein **Hauch von Schimmel** gebildet hat! Die Sporen der Schimmelpilze durchsetzen die ganze Marmelade, auch wenn nur einige kleine Pünktchen davon zu sehen sind. Diese Pilze enthalten Substanzen, die u. a. zu schweren bzw. lebensgefährlichen Vergiftungen führen können. Vergessen Sie auch nicht, die Marmeladengläser nach Sorte und Abfülldatum zu beschriften.

Jam

Unter Jams versteht man **zerkleinertes, nicht püriertes, eingekochtes Obst**. Das Obst wird unter Rühren bis zur Gelierprobe eingekocht, die Fruchtstückchen sind erkennbar. Für Jams wird die gleiche Zuckermenge zur Konservierung verwendet wie für die Zubereitung von Marmeladen. Diese Zubereitungsmethode ist die **einfachere und gebräuchlichere Art**, da das Passieren der Früchte – ohne Zuhilfenahme eines Pürierstabes – viel Zeit und Arbeit in Anspruch nimmt.

Obströster

Obströster sind eingekochte Früchte, die vor dem Einfüllen in die Gläser ganz oder geteilt **im eigenen Saft gekocht** werden und dann in den Gläsern nochmals in Dunst eingekocht werden. Sie sind der Fruchtfleischmarmelade (Jam) ähnlich, allerdings werden sie nicht so dick eingekocht. Obströster werden als Beigabe zu Mehlspeisen (z. B. Kaiserschmarren) verwendet.

Gelee

Gelees werden aus dem Saft der Früchte hergestellt. Man unterscheidet klare Gelees (entstehen durch Dampfentsaftung) und unklare Gelees, deren Saft aus gepressten Früchten hergestellt wurde.

Relish und Chutney

Relish ist süßsauer und pikant, oftmals auch scharf. Es passt wunderbar zu Gegrilltem, Gekochtem, Gebratenem, auf Fisch genauso wie auf Fleisch. Jedes Barbecue wird durch Relish aufgewertet. Ein Relish bleibt oft stückartig, wird also nicht püriert.

Ein **Chutney** hat eine andere Konsistenz: Es ist homogener, marmeladeartiger. Meist enthält es keine Stücke, sondern wird püriert, es schmeckt säuerlich und nicht süß (wie Marmelade). Chutneys werden oft als „dickflüssige Würzmarmeladen" bezeichnet, sie gehören in Großbritannien und Amerika traditionell zu Fleisch, Geflügel und Picknicksalaten. Chutneys und Relishes können auch zu Knabbereien serviert werden, zu Fondue, zu Braten und Käse.

Sowohl ein Chutney als auch ein Relish werden folgendermaßen **zubereitet**:
Das Gemüse und/oder die Früchte werden in kleine Stücke geschnitten/gehackt, mit Essig oder Wein, Zucker und Gewürzen so lange gekocht, bis die Flüssigkeit verdampft ist und die Zutaten weich sind. Die Kochzeit kann auch bis zu einer Stunde betragen.

Süße Grundfrüchte sind **Mango, Kürbis, Äpfel, Marillen**. Diese werden pikant, wenn sie mit **Ingwer, Essig, Zimt, Chili, Cayennepfeffer, Zwiebeln** kombiniert werden.

Die Kombinationen sind vielfältig. Sie können z. B. folgende Mischungen probieren:
- Zwiebel, Pilze, Gurken, Karotten, Pfirsich und Mango
- Zucchini und Äpfel
- Lauch mit Kürbis

Der Fantasie sind keine Grenzen gesetzt, es kommt **auf den persönlichen Geschmack** an.

Chutney und Relish **reifen in der Zeit der Lagerung**. Das Kosten des zubereiteten Kochguts hat demnach noch nicht denselben Geschmack wie nach 4 bis 6 Wochen Lagerung.

Trocknen (Dörren) von Obst

Das Obst wird halbiert oder in Spalten geschnitten und in einem **elektrischen Dörrapparat** oder **an der Luft** getrocknet.

Zum Trocknen eignen sich hauptsächlich:
* Äpfel (in Spalten, Scheiben)
* Birnen
* Marillen (halbiert)
* Zwetschken (ganz)
* Heidelbeeren (ganz) (Das Kauen von getrockneten Heidelbeeren wird medizinisch gegen Durchfallerkrankungen eingesetzt.)
* Kirschen

Obst in Alkohol (Rumtopf)

Alle Fruchtarten, die im Garten im Laufe des Jahres wachsen, sind geeignet. Die Früchte werden **zur jeweiligen Reifezeit** verwendet. Lagenweise werden die Früchte in den Rumtopf eingelegt, jede Fruchtschicht wird mit Staubzucker bestreut (1 kg Zucker auf 1 kg Früchte) und mit gutem Rum (40 %, denn bei zu schwachem Alkoholgehalt besteht die Gefahr, dass das Obst zu gären beginnt) so übergossen, dass die Früchte damit ganz bedeckt sind.

Nach dem letzten Einlegen der Früchte sollte der Rumtopf **mindestens 3 Wochen** stehen. Nach dem Umrühren am besten den Inhalt mit einem sauberen Schöpflöffel in kleine Gläser umfüllen, diese luftdicht abschließen und an einem kühlen Ort aufbewahren. Dadurch wird verhindert, dass beim häufigen Öffnen des großen Gefäßes (Rumtopf) Gärkeime in den Topf gelangen.

Konservieren von Gemüse

Es gibt vier gängige Möglichkeiten, Gemüse zu konservieren:

1. Einkochen in Dunst mit Salzwasser

Aufgrund der oft **langen Kochzeit** büßt das Gemüse an Farbe ein, am häufigsten Verwendung findet sicherlich das Einkochen von Tomaten (Tomatenmark) oder Paprika (Mus), Kürbis in Dunst, Roter-Rüben-Salat und dergleichen.

2. Einlegen in Essig

Zum Haltbarmachen in einer Essiglösung eignet sich besonders hochwertiger Wein- und Obstessig, aber auch Apfelessig. Mostessig ist nicht geeignet. Die Säure macht das eingelegte Gemüse haltbar, deshalb ist es wichtig, die genauen Angaben in den Rezepten zu befolgen und die Essigmenge nicht zu verringern. Nach etwa 2 Wochen kann das eingelegte Gemüse probiert werden. Nach einem Monat kühler Lagerung hat sich der Geschmack des Eingelegten voll entfaltet. Im **Kühlschrank** sind geöffnete Gläser etwa 2 Wochen haltbar, die Essiglösung sollte das Eingelegte dabei immer bedecken.

3. Einlegen in Salz

Die Wirkung beruht auf der wasserentziehenden Eigenschaft des Salzes und auf der Bakterienhemmung. Insbesondere eine Suppenwürze (siehe Seite 30) kann auf diese Weise gut hergestellt werden.

4. Trocknen

Der Trocknungsvorgang dient dazu, dass den Lebensmitteln Wasser entzogen wird. Dadurch verlieren Kleinstlebewesen die Möglichkeit, sich zu entwickeln. Getrocknet werden kann im Backofen (bei ca. 50 Grad) – am besten über Nacht. Durch häufiges Wenden und Zerkleinern kann der Trocknungsvorgang verkürzt werden. Man kann das fein geschnittene Gemüse auch an der Luft trocknen lassen, die Trocknung dauert dann naturgemäß länger.

Likör und Sirup

Liköre, die aus frischen Früchten und Pflanzen hergestellt werden, sind sehr schmackhaft. Je länger sie lagern, desto **intensiver** wird der Geschmack. Reife Früchte haben ihre größte Kraft und Wirkung. Der Alkohol holt diese Wirkstoffe aus den Pflanzen, er löst die Aromastoffe heraus und konserviert sie. Wird **Zucker** dem Likör zugesetzt, so wird der Likör dickflüssiger, sämiger.

Haltbarmachen von Kräutern

Die Natur bietet uns neben Obst und Gemüse auch eine Fülle von Pflanzen an, die quasi von selbst wachsen und die wir nur nützen müssen. Zurzeit gibt es rund 12.000 verschiedene Pflanzen in Europa, ca. 10 % davon sind genießbar, einige Hundert sind giftig.

Vieles wächst vor unserer Haustür, manches wird auf Märkten angeboten, im Supermarkt reicht das frische Angebot meist nur von Petersilie, Schnittlauch bis zur Dille. Tiefgefroren findet man noch einige weitere Kräuter. Der **Geschmack von frisch Gepflücktem** ist in der Regel intensiver und somit von höherer Qualität als Kräuter, die bereits einen langen Transportweg hinter sich haben.

Kräuter verfeinern nicht nur den Geschmack vieler Speisen, richtig eingesetzt haben sie auch gesundheitsfördernde Wirkung: Sie lindern Schmerzen, bringen Ruhe, lösen Husten, liefern Vitamine und vieles mehr.

Haltbar gemacht werden Kräuter auf folgende Arten:
Trocknen: Die gesammelten Pflanzen werden locker auf ein Brett, ein Tuch oder auf weißes Papier (z. B. Backpapier) gelegt und von Zeit zu Zeit umgedreht. Zum Trocknen eignet sich ein luftiger, staubfreier Ort, z. B. eine überdachte Terrasse. Bitte nicht an der Sonne oder im warmen Ofen trocknen!

Wurzeln werden gereinigt, der Länge nach gespalten und in kleine Stücke geschnitten. Die Wurzeln dürfen in der Sonne oder im Ofen nachtrocknen, aber nur bei maximal 50 Grad.

Tiefgefrieren: Saubere Kräuter klein hacken und in kleinen Dosen einfrieren.

> Kräuter werden am besten an einem sonnigen Vormittag, nach dem Abtrocknen des Taus, geerntet. Bitte niemals rupfen, sondern mit einer Keramikschere oder einem Keramikmesser abschneiden. Kräutergut soll **nicht mit Metall in Berührung** kommen.
>
> **Junge Pflanzen** schmecken nicht nur am besten, sie liefern auch die besten Säfte, Tinkturen, Essige und Öle. Von älteren Pflanzen werden nur die Triebe und Herzblätter verwendet.
>
> Pflücken Sie nur das, **was Sie selbst gut kennen** – bei Kräutern ist das nicht immer so einfach. Kaufen Sie im Zweifel lieber auf dem Bauernmarkt oder in Reformhäusern, Drogerien oder in der Apotheke.

Die **Verwendungsmöglichkeiten** von Kräutern in der Küche sind vielfältig. Zu den wichtigsten zählen der Einsatz als ...

... Öl

Kräuteröl ist ein sparsam verwendetes Öl als Zutat für Salate oder als Beigabe in Gemüsesäften. Kalte Ölauszüge sind rasch hergestellt, sind aber auch nur etwa 1 Monat haltbar, dann besteht die Gefahr des Ranzigwerdens. Dies bedeutet: Kräuteröle **nicht auf Vorrat** herstellen, sondern nur jene Menge, die man in den nächsten paar Wochen benötigt. Alle neutralen kalt gepressten Öle eignen sich zur Herstellung eines Kräuteröls: Olivenöl, Distelöl, Rapsöl, Sonnenblumenöl, Maiskeimöl, Sojaöl.

Kräuteröl – Grundrezept

Aus frischen oder getrockneten Gewürz- oder Heilkräutern werden **Kräuteröle** folgendermaßen hergestellt:

Einige Zweige der sauberen, trockenen Kräuter oder 1 bis 2 Teelöffel der getrockneten Kräuter werden in eine Flasche gegeben und mit einem neutralen, kalt gepressten Öl aufgegossen. Dieser Ansatz soll mindestens 3 Tage ziehen. Es können unterschiedliche Kräuter verwendet werden, auch Knoblauchzehen und/oder Chilischoten können mit in die Flasche.

... Essig

Einem guten Grundessig fügt man Kräuter und Heilpflanzen hinzu, lässt dies einige Wochen bis Monate stehen und seiht dann die Flüssigkeit ab. Gewürze, Früchte, Knoblauch und Zwiebel geben auf diese Weise ihre heilenden Inhaltsstoffe an den Essig ab.

Der Essig fördert den Appetit und ist sehr stoffwechselanregend. Auf den Grundessig sollte besonderes Augenmerk gelegt werden. Für Kräuteransätze sind zu empfehlen: Weinessig, Weingeistessig und Apfelessig.

Kräuteressig – Grundrezept

Zutaten

* 2 l Weingeistessig
* 20 g Estragonkraut
* 20 g Basilikum
* 20 g Bohnenkraut
* 20 g Thymian
* 10 Stück Pfefferkörner
* etwas Zitronenmelisse
* 20 g Schalotten

Die Kräuter waschen und etwas hacken, zusammen mit den übrigen Zutaten in eine weithalsige Flasche geben, verkorken und unter öfterem Schütteln 4 bis 6 Wochen an der Sonne stehen lassen. Dann den Essig abseihen und in Flaschen umfüllen.

Tipp: Probieren Sie 1 EL Kräuteressig auf 250 ml Wasser. Auf nüchternem Magen werden die Inhaltsstoffe noch besser aufgenommen.

Verwenden Sie getrocknete Kräuter für Öle und frische Kräuter für Essige. Grund: Öl und Wasser verbinden sich nicht gut, daher besteht Schimmelgefahr, wenn Feuchtes in Öl eingebracht wird. Essig und Wasser gehen hingegen leicht eine Verbindung ein.

... Kräutersalz

Hochwertigem Salz werden getrocknete Kräuter beigefügt, z. B. Majoransalz (100 g Salz, 1 TL Majoran).

... Sirup

5 g Kräuter über Nacht in 1 Liter Wasser einweichen, in der Früh 2 bis 3 Minuten kochen und abseihen. Nun gibt man 125 g Zucker oder 4 bis 5 EL Honig dazu, bei schleimlösenden Substanzen wird auch gerne 140 g Kandiszucker verwendet.

... Tee

Blüten und zarte Blätter mit kochendem Wasser übergießen und 3 bis 5 Minuten ziehen lassen, abseihen und schluckweise trinken.

... Tinktur

In eine Flasche wird Weingeist, Wein oder Schnaps zusammen mit Beeren oder Kräutern gefüllt, die Flasche wird verschlossen und 8 bis 10 Tage ins Helle oder in gleichmäßige Wärme (z. B. sonnige Fensterbank) gestellt, während der Ziehzeit öfters schütteln. Dann wird filtriert. Danach weitere 8 Tage stehen lassen. Tinkturen werden tropfenweise verwendet.

Suppenwürze

Mit selbst gemachter Suppenwürze verleihen Sie Ihren Suppen und Soßen eine ganz besondere Note. Die Herstellung ist einfach, der Geschmack aber mit nichts zu vergleichen.

Ein paar Grundregeln bei der Zubereitung und Haltbarmachung müssen jedoch beachtet werden:

Haltbarmachen durch Salz: Wichtig ist, dass der Suppenwürze ausreichend **Salz als Konservierungsmittel** zugefügt wird. Ausreichend ist es, wenn das Verhältnis 1:3 eingehalten wird bzw. 70 % Gemüse, 30 % Salz. Zur Sicherheit sollte diese Suppenwürze dennoch im Kühlschrank gelagert werden, dann ist sie ca. 1 Jahr haltbar.

Kurze Zeit im Kühlschrank haltbar (einige Wochen) ist auch eine Suppenwürze mit sehr geringem Salzanteil (90 % Gemüse, 10 % Salz). Wenn Sie sichergehen wollen, dass Ihre Würze 1 Jahr lang haltbar ist, sollte ein Salzanteil von 30 % jedoch nicht unterschritten werden.

Suppenwürze – Grundrezept

Haltbarmachen durch Einfrieren: Dies ist die salzärmste Variante. Die Zutaten (Gemüse, Gewürze) frisch durch den Fleischwolf drehen und einfrieren oder Zutaten leicht kochen und mit dem Pürierstab mixen und einfrieren. Wenn Sie die Würze **in Eiswürfelbehälter** einfrieren, ist sie portionsweise entnehmbar.

Zutaten

* 200 g Sellerie
* 200 g Karotten
* 130 g Lauch
* 20 g Petersilie
* 160 g Salz (grobes Meersalz)

Frisches Gemüse in kleine Teile schneiden, durch den Fleischwolf drehen und danach mit dem Pürierstab mixen. Gewürze und Salz zugeben, gut verrühren, bis das Salz aufgelöst ist. Die Mischung in Schraubgläser füllen und kühl lagern.

Wenn Sie schon geübter sind, können Sie die Mengenangaben und Zutaten variieren und so Ihren Suppenwürze-Favoriten herausfinden. Sie können das obige Grundrezept auch mit Petersilwurzeln und/oder Pastinaken, Liebstöckel, Knoblauch und Wildkräutern (Brennnessel, Giersch ...) ergänzen.

Haltbarmachen durch Trocknen: Alle Zutaten für die Suppenwürze durch den Fleischwolf drehen, mit Pürierstab mixen und auf einem mit Backpapier belegten Backblech dünn aufstreichen. Bei 50 Grad ca. 5 bis 6 Stunden trocknen lassen, immer wieder zerbröseln, wenden und lockern. Das Gemüse muss wirklich komplett trocken sein, sonst lässt sich Schimmel nicht verhindern. Ich kann daher auch beim Trocknen die **Zugabe von 1 Drittel Salz** unbedingt empfehlen! Diese Suppenwürze kann bei Raumtemperatur ca. 1 Jahr gelagert werden.

Haltbarmachen durch Sterilisieren: Gemüse klein schneiden und Kräuter hacken, alles mit Wasser zugedeckt bissfest kochen und pürieren. Nach Belieben würzen und salzen. Dann die Suppenwürze in Gläser mit Schraubverschluss füllen, in einen Topf Wasser stellen und bei 80 Grad ca. 5 Minuten sterilisieren. Geöffnete Gläser sind im Kühlschrank aufzubewahren und 2 bis 3 Monate haltbar. Geschlossene Gläser sind mindestens 1 Jahr haltbar.

Haltbarmachen durch Einkochen: Der Vorgang ist derselbe wie beim Einkochen von Marmelade. Allerdings wird anstelle von Zucker Salz im Verhältnis 1:3 verwendet.

750 g Gemüse, putzen, klein schneiden, in Wasser bedeckt bissfest kochen und 250 g jodiertes Meersalz unterrühren. So lange kochen, bis sich das Salz vollständig aufgelöst hat. Kräuter zugeben und in saubere Gläser (sollen auf einem feuchten Tuch stehen!) bis knapp unter den Rand einfüllen, mit Deckel verschließen und das Glas bis zum Erkalten auf den Kopf stellen. Angebrochene Gläser im Kühlschrank aufbewahren!

Seien Sie mutig und experimentieren Sie, bis Sie Ihre **persönliche Lieblingswürze** gefunden haben. Die Zutaten können nach Belieben variiert werden, wichtig ist, dass man sich für eine der oben beschriebenen Arten der Haltbarmachung entscheidet. Probieren Sie selbst gemachte Würzen auch als Brotaufstrich!

Süß

Apfel-Kürbis-Marmelade

Zutaten

- 450 g geschälte und entkernte Äpfel
- 450 g geschälter und in groben Stücken geschnittener Muskatkürbis
- 1 Zimtstange
- 300 g Gelierzucker 1:3
- Saft von 3 Zitronen

Äpfel und Kürbis mit Zitronensaft vermischen, Zimtstange zugeben und weich kochen, mit einem Pürierstab pürieren, Zimtstange entfernen und den Zucker einrühren. Unter Rühren aufkochen und 4 Minuten einkochen lassen. Sofort in saubere Gläser füllen (müssen auf einem befeuchteten Tuch stehen!) und verschließen, umdrehen und erkalten lassen.

Tipp: Mit Kürbis oder mit Melonen kann eine Marmelade „gestreckt“ werden, das heißt, wenn Sie nicht genügend Obst einer bestimmten Sorte haben, z. B. Marillen, so können Sie mit Melonen- oder Kürbiszugabe das Fruchtgewicht vergrößern.

Gesundheitstipp

Apfel

Der Apfel weist einen ausgewogenen Gehalt an allen notwendigen Vitaminen, Mineralstoffen und Spurenelementen auf, beinhaltet sekundäre Pflanzenstoffe. Er schützt vor Thrombosen, Herz-Kreislauf-Erkrankungen und Krebs, hemmt Viren und Bakterien, bewahrt die Haut vor UV-Schäden, reinigt die Arterien, schützt das Gewebe vor Krebs und kurbelt das Immunsystem an. Wirkt durch den hohen Fruktosegehalt konzentrationssteigernd und sorgt für einen ausgeglichenen Blutzuckerspiegel und für einen entspannten Schlaf. Der Apfel reguliert die Verdauung und stabilisiert die Darmflora.

Kürbis

Der Kürbis enthält die Vitamine C, B1, B2, B6, Folsäure, Pantothensäure, Niacin, Mineralstoffe, Natrium, Kalium, Kalzium, Eisen und Phosphor. Er ist stark wasserhaltig, hat kaum Kohlehydrate und ist daher ein kalorienarmes Gemüse (100 g Fruchtfleisch = 24 Kalorien). Er belastet die Verdauung kaum (ideale Baby- und Krankenkost). Kürbisse mit orangegefärbtem Fruchtfleisch enthalten viele Carotinoide (Vorstufe von Vitamin A), die zu den sekundären Pflanzenstoffen zählen und antioxidativ wirken.

Apfel-Karotten-Marmelade

Zutaten

- 3 kg geschälte und entkernte Äpfel
- 350 g geraspelte Karotten
- 1 kg Gelierzucker 1:3

Äpfel und Karotten mit etwas Wasser aufkochen, weich dünsten und je nach Belieben in groben/geraspelten Stücken belassen oder mit dem Pürierstab pürieren. Zucker zufügen und einkochen. Heiß in vorbereitete, saubere Gläser füllen (müssen auf einem befeuchteten Tuch stehen!) und verschließen. Umdrehen und erkalten lassen.

Gesundheitstipp

Karotte

Die Karotte hat den höchsten Beta-Carotin-Gehalt, besonders in der Schale. Damit der Organismus das fettlösliche Beta-Carotin aufnehmen kann, sollte man Karotten immer mit etwas Fett zu sich nehmen, also die Marmelade z. B. auf ein Butterbrot streichen. Carotinoide sind wichtig für das Wachstum, stärken die Augen, mildern Kreislaufstörungen und verbessern das Immunsystem, wirken als Antioxidantien. Karotten schützen die Magenschleimhaut, sind leicht bekömmlich und insbesondere gekocht als Babykost und für Magenkranke bestens geeignet. Rohe Karotten wirken harntreibend, antibakteriell und blutbildend.

Marillenmarmelade

Zutaten

- 3 kg reife Marillen
- 1 kg Gelierzucker 1:3

Marillen waschen, entkernen und die Hälften in einen Topf geben. Die Früchte aufkochen, mit elektrischem Pürierstab pürieren, Zucker zugeben und 5 Minuten kochen. Heiß in vorbereitete, saubere Gläser füllen (müssen auf einem befeuchteten Tuch stehen!) und verschließen. Umdrehen und erkalten lassen.

Tipp: Verwenden Sie statt Marillen Nektarinen oder Pfirsiche. Ein himmlischer Genuss!

Gesundheitstipp

Marille

Die Marille hat einen geringen Zuckergehalt und ist kalorienarm. Besonders wertvoll sind die Carotinoide, sie haben antioxidative Wirkung. Die Früchte sind reich an Niacin, Vitamin C, Folsäure, Eisen, Kalium, Magnesium, Kalzium, Phenolsäure.

Erdbeermarmelade – Grundrezept

Zutaten

- 1,5 kg Erdbeeren
- 500 g Gelierzucker 1:3

Die Erdbeeren waschen, von den Stängeln befreien und in einem großen Topf mit dem Pürierstab pürieren, langsam aufkochen, Gelierzucker unter ständigem Rühren einrühren, aufkochen lassen, einige Minuten wallend kochen lassen.

Die Masse in die vorbereiteten Marmeladengläser (müssen auf einem feuchten Geschirrtuch stehen!) füllen, die Ränder säubern, mit einem Deckel gut verschließen und sofort auf den Kopf stellen.

Variante Basilikum

In die fertige Marmelade Blätter von einem Bund Basilikum dazugeben, nur noch kurz aufkochen, abfüllen.

Variante Minze

Wie Variante „Basilikum", nur mit kleinen Teilen von der Minze.

Variante Vanille

In die fertige Marmelade das Mark einer Vanilleschote dazugeben.

Variante Holunderblüten

In die fertige Marmelade die sauberen Blüten von 4 bis 5 Dolden Holunderblüten vorsichtig unterrühren, einmal kurz aufkochen (sonst Schimmelgefahr) und sofort abfüllen.

Gesundheitstipp

Erdbeere

Erdbeeren enthalten sehr viel Vitamin C (100 g Fruchtfleisch haben 60 mg Vitamin C). 200 g Erdbeeren decken bereits den Tagesbedarf an Vitamin C. Außerdem zählen sie zu den Obstsorten mit dem höchsten Eisen- und Folsäuregehalt, sie sind reich an Magnesium und Kalium. Und sie haben sehr wenig Kalorien (100 g haben 32 kcal). Außerdem enthalten sie die Vitamine A, B2, B3, C, E, K und sekundäre Pflanzenstoffe (krebsvorbeugende Wirkung).

Birnen-Kiwi-Marmelade

Zutaten

- 1 kg Birnen
- 500 g geschälte Kiwis
- 500 g Gelierzucker 1:3

Birnen schälen, entkernen und in Stücke schneiden. Zusammen mit den geschälten Kiwistücken in einem Topf unter Rühren aufkochen, mit dem Pürierstab pürieren, Zucker unterrühren und 5 Minuten einkochen. Heiß in vorbereitete, saubere Gläser füllen (müssen auf einem befeuchteten Tuch stehen!) und verschließen. Umdrehen und erkalten lassen.

Gesundheitstipp

Birne

Birnen sind reich an Kalium und somit entwässernd. Durch den Phosphorgehalt stärken sie das Nervensystem. Dank des enthaltenen Eisens wirken sie gegen Blutarmut. Sie besitzen einen hohen Vitamin-B2- und Folsäuregehalt. Für säureempfindliche Menschen sind sie besonders gut verträglich.

Kiwi

Dank des hohen Vitamin-C-Gehalts schützen sie gut vor Erkältungen. Die enthaltene Aminosäure Arginin stärkt den Kreislauf (Arginin weitet die Blutgefäße). Kiwis helfen deshalb auch bei Kopfweh. Positiver Einfluss auf Bluthochdruck, Cholesterinspiegel und Homocystein-Werte. Die Kerne wirken gegen Verstopfung und Darmträgheit. Kiwis machen gute Laune und bekämpfen leichte Depressionen.

Erdbeer-Orangen-Marmelade

Zutaten

- 750 g entstielte Erdbeeren
- 2 Orangen
- 300 g Gelierzucker 1:3

Erdbeeren waschen, Orangen schälen und grobe Hautstücke weitgehend entfernen. Das Obst in einem Topf unter Rühren aufkochen, etwas weich kochen und mit dem Pürierstab pürieren. Den Zucker untermischen und 5 Minuten einkochen lassen. Heiß in vorbereitete, saubere Gläser füllen (müssen auf einem befeuchteten Tuch stehen!) und verschließen. Umdrehen und erkalten lassen.

Gesundheitstipp

Orange

Die Orange ist reich an Vitamin C und an Mineralstoffen, wie Kalium, Calcium und Phosphor. Sie stärkt das Immunsystem, kurbelt den Stoffwechsel an, sorgt für straffes Bindegewebe und erhöht die Aufnahmefähigkeit von Eisen aus der Nahrung.

Erdbeer-Mango-Marmelade

Zutaten

- 2,75 kg entstielte Erdbeeren
- 2 reife, geschälte Mangos
- 1 kg Gelierzucker 1:3

Die Erdbeeren waschen und in den Kochtopf geben. Die entkernten Mangos in kleine Stücke schneiden und unter die Erdbeeren mengen. Die Obstmasse unter Rühren aufkochen lassen (meist ist keine Wasserzugabe nötig), mit Pürierstab pürieren, Gelierzucker untermischen und 5 Minuten einkochen.

Gesundheitstipp

Mango

Die Mango ist sehr kalorienarm, enthält sehr viel Provitamin A (für die Sehkraft und die Haut) und Vitamin C. Bereits 200 g frisches Mangofleisch stimulieren sehr rasch den gesamten Stoffwechsel, die Mango schützt die Körperzellen gegen freie Radikale, das Vitamin C festigt das Bindegewebe und das Zahnfleisch.

Pfirsich-Mango-Marmelade

Zutaten

- 500 g geschälte Pfirsiche oder alternativ Nektarinen
- 2 reife, geschälte Mangos
- 200 g Gelierzucker 1:3

Das geschälte Obst in Stücke schneiden und unter Rühren aufkochen lassen. Etwas weich kochen und mit dem Pürierstab pürieren, Zucker zufügen und 5 Minuten einkochen. Heiß in vorbereitete, saubere Gläser füllen (müssen auf einem befeuchteten Tuch stehen!) und verschließen. Umdrehen und erkalten lassen.

Gesundheitstipp

Pfirsich

Pfirsiche sind reich an Provitamin A, den Vitaminen B1, B2 und C sowie an den Mineralstoffen und Spurenelementen wie Eisen, Kalzium, Phosphor, Natrium und Zink. Sie stärken das Immunsystem, regen die Nieren (entwässernd!) an. Durch die Flavone und Karotine haben sie auch eine krebsvorbeugende Wirkung.

Apfel-Ribisel-Marmelade

Zutaten

- 1,25 kg geschälte und entkernte Äpfel
- 250 g abgerebelte Ribisel
- 500 g Gelierzucker 1:3

Das Obst unter Rühren aufkochen, etwas weich kochen, pürieren, Zucker zufügen und 5 Minuten einkochen. Heiß in vorbereitete, saubere Gläser füllen (müssen auf einem befeuchteten Tuch stehen!) und verschließen. Umdrehen und erkalten lassen.

Gesundheitstipp

Ribisel

100 g Ribiseln haben nur 33 Kalorien und bestehen zu 85 Prozent aus Wasser. Sie sind aufgrund des hohen Vitamin-C-Gehalts immunstärkend, regen die Verdauung an, verringern den Cholesterinspiegel im Blut und haben einen hohen Mineralstoffgehalt (Kalium, Kalzium, Mangan, Eisen und Phosphor).

Löwenzahnhonig

Zutaten

- 2 Tassen gehäufte Löwenzahnblüten
- 1 Orange
- 1,5 kg Rohrzucker
- 1 l Wasser
- 1 Zitrone

Löwenzahnblüten kurz mit dem Wasser aufkochen, Zucker und die in Scheiben geschnittene, geschälte Orange und die geschälte Zitrone zugeben und auf kleiner Flamme unter ständigem Rühren auf Honigdicke einkochen. Blüten abseihen. In Gläser füllen, verschließen, kühl und dunkel aufbewahren.

Tipp: Verwenden Sie Löwenzahnblüten aus dem Garten. Am besten sollte auf das Waschen verzichtet werden, da sonst wertvoller Blütenstaub verloren geht.

Gesundheitstipp

Löwenzahn

Löwenzahn hat im Frühling die stärkste Heilkraft. Seine Blüten wirken blutreinigend, sie helfen bei Hautproblemen, stärken Galle und Leber und sie regen die Darmtätigkeit an. Im Winter wird der Löwenzahnhonig gerne zur Stärkung der Abwehrkräfte verwendet.

Kirschenkompott

Zutaten

- 1 kg feste Kirschen
- 500 g Zucker
- 2 l Wasser

Kirschen waschen und abtropfen, dann dicht in die Gläser pressen, bis oben füllen. Die Zuckerlösung bis 1 cm unter den Glasrand einfüllen und 25 Minuten langsam in Dunst kochen.

Für die Zuckerlösung Zucker und Wasser so lange kochen, bis der Zucker aufgelöst ist, etwas abkühlen lassen.

Gesundheitstipp

Kirsche

Kirschen enthalten viele wichtige Vitamine wie Vitamin A, B1, B2, C, E und Niacin und wertvolle Mineralstoffe wie Kalium, Phosphor, Kalzium, Magnesium und Natrium. Gesundheitsfördernd sind sie durch Flavonoide, Cumarine, Anthocyane und Catechine. Sie weisen einen hohen Kaliumanteil auf und haben dadurch entwässernde Wirkung.

Zwetschkenröster

Zutaten
- 5 kg Zwetschken
- 1 kg Zucker
- 500 ml Wasser

Zwetschken halbieren, entkernen und mit Zucker und Wasser kochen, bis sich die Haut der Früchte einzurollen beginnt. Noch heiß in die Gläser füllen und 5 bis 10 Minuten in Dunst kochen.

Marillenröster

Zutaten
- 1 kg Marillen
- 250 g Zucker
- 125 ml Wasser

Marillen halbieren, entkernen und mit Zucker und Wasser gut durchkochen, noch heiß in Gläser füllen und 20 Minuten in Dunst kochen.

Heidelbeerröster

Zutaten
- 5 kg Heidelbeeren
- 1125 g Zucker
- 250 ml Wasser

Die Beeren mit Zucker und Wasser gut verrühren und durchkochen, heiß in Gläser füllen und 20 Minuten in Dunst kochen.

Gesundheitstipp

Heidelbeere

Heidelbeeren schützen dank des hohen Vitamin-C-Gehalts vor Erkältungen, halten die Blutgefäße frei und sauber und senken das Risiko einer Arteriosklerose. Sie enthalten den Gerbstoff Tannin, der schleimhautbildend, bakterienabtötend und entzündungshemmend wirkt. Weitere Inhaltsstoffe sind Kalium, Kalzium, Phosphor, Magnesium, Natrium und Eisen. Getrocknete Heidelbeeren werden gegen Durchfall verwendet, frische Heidelbeeren wirken abführend.

Kirschenröster

Zutaten
- 5 kg Kirschen
- 1120 g Zucker

Kirschen entkernen, mit Kristallzucker vermischen und über Nacht an einen kühlen Ort stellen. Am nächsten Tag das Fruchtfleisch gut durchkochen, in die Gläser füllen und 20 Minuten in Dunst kochen.

Holunderröster

Zutaten
- 1 kg Holunderbeeren
- 200 g Zucker
- 125 ml Wasser

Die entstielten Holunderbeeren mit Zucker und Wasser aufkochen, heiß in Gläser füllen und 20 Minuten in Dunst kochen.

Weichseljam

Zutaten

- 1 kg Weichseln
- 600 g Zucker

Weichseln mit Kristallzucker in einer Schüssel schichten und über Nacht stehen lassen, am nächsten Tag unter ständigem Rühren einkochen.

Orangenjam

Zutaten

- 1 kg Orangen
- 1 kg Zucker
- 2 l kochendes Wasser
- 2 Zitronen

Ganze Orangen und Zitronen werden samt den Schalen feinblättrig aufgeschnitten, entkernt und mit dem kochenden Wasser übergossen. Über Nacht zugedeckt stehen lassen. Am nächsten Tag Zucker zugeben und bis zur Gelierprobe einkochen.

Tipp: Geliermittel verwenden, um die Kochzeit zu verkürzen!

Marillenjam

Zutaten

- 1 kg sehr reife Marillen
- 600 g Zucker
- Saft einer halben Zitrone
- 125 ml Wasser

Marillen entkernen, vierteln und mit den übrigen Zutaten aufkochen und unter ständigem Rühren bis zum Gelieren einkochen.

Tipp: Statt Marillen können Sie auch Pfirsiche verwenden, die Zubereitung bleibt gleich.

Saftiges
Saft
Saftiges

iges

Holunderblütensirup

Zutaten

- 1,5 kg Kristallzucker
- 1 1/2 l Wasser
- 50 g Zitronensäure
- 2 unbehandelte Zitronen
- 25–30 Holunderblütendolden

Wasser und Zucker unter Rühren aufkochen, Zucker auflösen, etwas abkühlen lassen, Zitronensäure zufügen.

In einen sauberen Topf die Dolden einlegen, Zitronen in Scheiben dazugeben, die warme Zuckerlösung darübergießen, gut umrühren. Zugedeckt 3 Tage stehen lassen. Ab und zu umrühren. Ein Baumwolltuch (z. B. eine Stoffwindel) über einen Topf legen, den Sirup durchgießen und nach nochmaligem Aufkochen den Sirup in vorbereitete Flaschen füllen.

Tipp: Die Blütendolden gut aussuchen, sie sollen sauber sein, aber nicht gewaschen werden, sonst geht der wertvolle Blütenstaub verloren.

Zum Servieren wird der Holunderblütensirup mit Wasser, gerne auch mit kohlensäurehältigem, aufgegossen. Mit Sekt aufgegossen wird der Sirup als Aperitiv gereicht.

Heidelbeerlikör – ohne Kochen

Zutaten

- 600 g Heidelbeeren (auch tiefgefrorene möglich)
- 1 Zimtstange
- 200 g brauner Kandiszucker
- 700 ml Obstwasser (Obstler)

Heidelbeeren in eine saubere Glasflasche geben, Zimtstange und Kandiszucker zugeben, Obstwasser einfüllen, die Flasche luftdicht verschließen und 4 bis 6 Wochen bei Zimmertemperatur (nicht in der Sonne) ziehen lassen. Dabei geht das Fruchtaroma in die Flüssigkeit über.

Likөransatz danach durch ein Sieb gießen und den Likör in die Karaffe füllen. Weitere 2 Monate ruhen lassen, damit sich das Aroma voll entfalten kann.

Heidelbeerlikör

Zutaten

- 2 kg Heidelbeeren
- 1125 ml Wasser
- Zimtrinde
- 2 Gewürznelken
- 750 g Würfelzucker
- 500 ml Weingeist (95 %)

Die Heidelbeeren mit dem Wasser, der Zimtrinde und den Gewürznelken 15 Minuten kochen, mit dem Zucker vermengen und über Nacht kalt stellen. Am nächsten Tag den Saft mit Weingeist verrühren und in Flaschen füllen.

Tipp: Wer möchte, kann die Heidelbeermasse durch ein Tuch abseihen, damit keine Schwebstoffe im Likör sind.

Eierlikör

Zutaten

- 5 Dotter
- 2 Pkg. Bourbon-Vanillezucker
- 1 EL Rum
- 250 ml Schlagobers
- 125 ml Milch
- 250 g Staubzucker
- 125 ml Weingeist (95 %)

Die Dotter werden mit Vanillezucker schaumig geschlagen, Schlagobers, Rum, Milch einrühren. Zum Schluss wird der in Weingeist aufgelöste Zucker zugegeben. In Flaschen abfüllen.

Himbeerlikör

Zutaten

- 1 kg Himbeeren
- 1,5 l Weingeist (95 %)
- 2 kg Zucker
- 1,5 l Wasser

Die Himbeeren waschen und mit dem Pürierstab pürieren, mit Weingeist verrühren und in eine Flasche füllen, die 3 Wochen geschlossen bei Zimmertemperatur stehen bleibt. Danach werden die 2 kg Zucker mit 1,5 l Wasser aufgekocht. Diese Masse 15 Minuten kochen lassen und zu den Himbeeren gießen.

2 Tage später wird alles durch einen Leinenbeutel filtriert.

Zuletzt wird der Likör in kleine Flaschen gefüllt und gut verschlossen kühl aufbewahrt.

Tipp: Sie können statt der Himbeeren auch Erdbeeren verwenden (die Zubereitung bleibt gleich), allerdings eignen sich nur Walderdbeeren, die Gartenerdbeeren haben zu wenig Aroma.

Gesundheitstipp

Himbeere

Himbeeren sind reich an Vitaminen, Spurenelementen, sekundären Pflanzenstoffen. Sie haben antibiotische Wirkung, wirken zudem appetitanregend, entwässernd, abführend. Sie unterstützen das Immunsystem (Vitamin C, A und B). Sie leisten Erste Hilfe bei Blasen- und Nierenleiden, Sodbrennen und Verdauungsstörungen. Durch den Eisengehalt sind sie blutreinigend und blutbildend. Außerdem haben sie einen hohen Kalziumgehalt.

Rosensirup

Zutaten

- 1 Schüssel voll Rosenblätter (zu viele Blätter können es nicht sein)
- Zucker

Die Rosenblätter mit Wasser bedecken, gut zudecken und 2 Tage stehen lassen, abseihen. Pro Liter Rosenwasser wird mit 1 kg Zucker gerechnet. Alles miteinander aufkochen, 5 Minuten kochen lassen, bis ein Sirup entsteht, in Flaschen abfüllen.

Tipp: Rosenblätter sollen nicht gewaschen werden, da sonst wichtige Stoffe verloren gehen.

Ribiselsirup

Zutaten

- 1 kg Ribiseln
- 700 g bis 1 kg Zucker

Früchte mit Zucker aufkochen, 5 Minuten kochen, pürieren, nochmals aufkochen und in die vorbereiteten Flaschen füllen.

Marillenlikör

Zutaten

- 1 kg reife Marillen
- 500 ml Weingeist (95 %)
- 500–750 g Zucker
- 375 ml Wasser

Die klein geschnittenen Früchte werden 3 Wochen in Weingeist eingelegt. Danach wird der Zucker mit dem Wasser aufgekocht und ausgekühlt zu dem abgeseihten Weingeist gegeben.

Den Likör in kleine Flaschen abfüllen und kühl und dunkel aufbewahren.

Tipp: Statt der Marillen können Sie auch Pfirsiche verwenden. Zutaten und Zubereitung sind gleich.

Brombeerlikör

Zutaten

- 1 kg Brombeeren
- 1,5 l Weingeist (95 %)
- 2 kg Zucker
- 1,5 l Wasser

Die Brombeeren waschen und mit dem Pürierstab pürieren, mit Weingeist verrühren und in eine Flasche füllen, die 3 Wochen geschlossen bei Zimmertemperatur stehen bleibt. Danach werden die 2 kg Zucker mit 1,5 l Wasser aufgekocht. Diese Masse lässt man 15 Minuten kochen und gießt sie dann zu den Brombeeren.

2 Tage später wird alles durch einen Leinenbeutel filtriert.

Zuletzt wird der Likör in kleine Flaschen gefüllt und gut verschlossen kühl aufbewahrt.

Tipp: Dem Brombeerlikör können 250 ml frisch gepresster Saft von roten Ribiseln zugesetzt werden, dies ergibt einen besonders guten Geschmack.

Großmutters Rumtopf

Zutaten

- Kristallzucker
- Rum (54 %)
- Erdbeeren
- Marillen
- Pfirsiche
- Himbeeren
- Kirschen
- Zwetschken
- Birnen

Bei der Herstellung eines Rumtopfs werden alle Früchte, die vom Frühling bis zum Herbst reifen, nacheinander in den Rumtopf (ein großer Topf mit Deckel aus Steingut, Keramik oder Porzellan) eingelegt.

Das verwendete Obst soll reif und aromatisch sein, es wird gewaschen und ev. geschnitten. Das Obst wird schichtweise mit dem Zucker eingelegt: Auf 500 g Früchte kommen 250 g Zucker. Es wird so viel Rum darüber gegossen, bis das Obst bedeckt ist.

Werden neue Früchte eingelegt, muss entsprechend Zucker zugegeben und bei Bedarf Rum nachgegossen werden.

Normalerweise reichen ca. 500 ml Rum für 3 bis 4 kg Früchte.

Es dauert ungefähr 6 Wochen, bis eine Lage „reif" ist. Der Topf muss immer gut verschlossen werden, ab und zu mit einem sauberen Löffel umrühren. Je länger der Rumtopf reift, umso besser der Geschmack.

Nach der letzten Obstschicht sollte der Rumtopf noch 4 Wochen reifen, bevor er serviert wird.

Tipp: Nicht verwendet werden sollten Äpfel, Brombeeren, Heidelbeeren und schwarze Ribiseln.

Himbeersaft

Zutaten

- 1 kg Himbeeren
- 500 g Zucker

Himbeeren aufkochen, Zucker zugeben, unter Rühren köcheln lassen, mit dem Pürierstab pürieren und heiß in vorbereitete Flaschen füllen.

Tipp: Wer die Himbeerkerne nicht mag, kann den Saft durch ein Leinentuch drücken. Dann den Saft nochmals aufkochen.

Himbeersirup

Zutaten

- 3 kg Himbeeren
- 3 l Wasser
- 3 kg Zucker (ev. Sirupzucker)

Alles 10 Minuten sprudelnd kochen lassen, durch ein Haarsieb streichen und den gewonnenen Saft noch einmal aufkochen lassen. Sofort in saubere Flaschen bis knapp unter den Rand einfüllen, gut verschließen und auf den Kopf stellen (wenn der Verschluss zu wenig Standfläche hat, dann liegend auskühlen lassen).

Tipp: Wenn Sie Sirupzucker nehmen, dann kann deutlich weniger Zucker verwendet werden: meist 1 kg Zucker auf 3 kg Früchte. Bitte auf der Packung nachlesen.

Melissensaft

Zutaten

- 3 Handvoll Melisse (Blätter, aber auch kleine Stängel)
- 3 Zitronen
- 4 g Zitronensäure
- 1 l Wasser
- 1 kg Zucker

Melisse in einen Topf geben, Zitronen zugeben. In einem anderen Topf Wasser und Zucker aufkochen, mit dieser Zuckerlösung die Melisse übergießen, gut umrühren, 1 Tag stehen lassen. Gut umrühren, durch ein Tuch seihen, alles noch einmal aufkochen, Zitronensäure zugeben und Saft in vorbereitete Flaschen füllen.

Gesundheitstipp

Melisse

Melisse zählt zu den ältesten Heilpflanzen, ist beruhigend und belebend, löst Krämpfe und stärkt den ganzen Organismus. Die Melisse hat die stärkste Kraft, wenn sie kurz vor der Blüte geerntet wird. Ein Löffel vom Sirup stärkt die Abwehrkräfte. Mit Wasser aufgegossener Melissensaft schmeckt wie eine erfrischende Limonade.

Holunderblütensaft

Zutaten

- 12–15 Holunderblütendolden
- 6 l Wasser
- 5 Zitronen
- 560 g Zucker

Die Zutaten kalt in ein Gefäß geben, mit einem Tuch zudecken, an einen warmen Ort stellen (in die Sonne) und täglich umrühren. Sobald die Flüssigkeit zu moussieren beginnt, wird sie durch ein Tuch geseiht, in Flaschen gefüllt und verschlossen.

Gesundheitstipp

Holunderblüte

Früher wurde der Holunderstrauch als „Apotheke der Armen" bezeichnet. Die Blüten wirken fiebersenkend, blutverbessernd und schweiß- und harntreibend. Die schwarzen Beeren haben einen hohen Vitamin-C-Gehalt. Sie enthalten reichlich bioaktive Substanzen wie Ballast-, Gerb- und Farbstoffe. Sambucyanin ist der wirksame Farbstoff, er zählt zu den Flavonoiden und beugt Krebs und Herz-Kreislauf-Erkrankungen vor.

Hagebuttensirup

Zutaten

- 2 kg reife, vom Frost verbrannte Hagebutten
- 1 l Wasser
- 1 kg Zucker
- 20 g Zitronensäure oder Saft von 2 Zitronen

Hagebutten waschen, Stiele entfernen, vertrocknete Blütenreste entfernen, Früchte durchschneiden, damit die volle Wirkung erzielt werden kann. Früchte in einen Kochtopf geben, mit Zucker vermengen, Zitronensäure oder Zitronensaft zugeben und 2 Stunden stehen lassen. Wasser zugeben und alles aufkochen, ca. 45 Minuten köcheln lassen, danach einige Stunden stehen lassen. Anschließend durch ein Leinentuch seihen, Saft auffangen, noch einmal aufkochen und in vorbereitete Flaschen füllen.

Gesundheitstipp

Hagebutte

Hagebutten haben einen besonders hohen Vitamin-C-Gehalt, das Vitamin wird durch das Kochen nicht zerstört, daher sind sie besonders im Winter ein bedeutsamer Vitaminlieferant. Sie helfen gegen Erkältungen, Grippe und Rheuma und gelten als Muntermacher.

Saures und
Saure
Pika

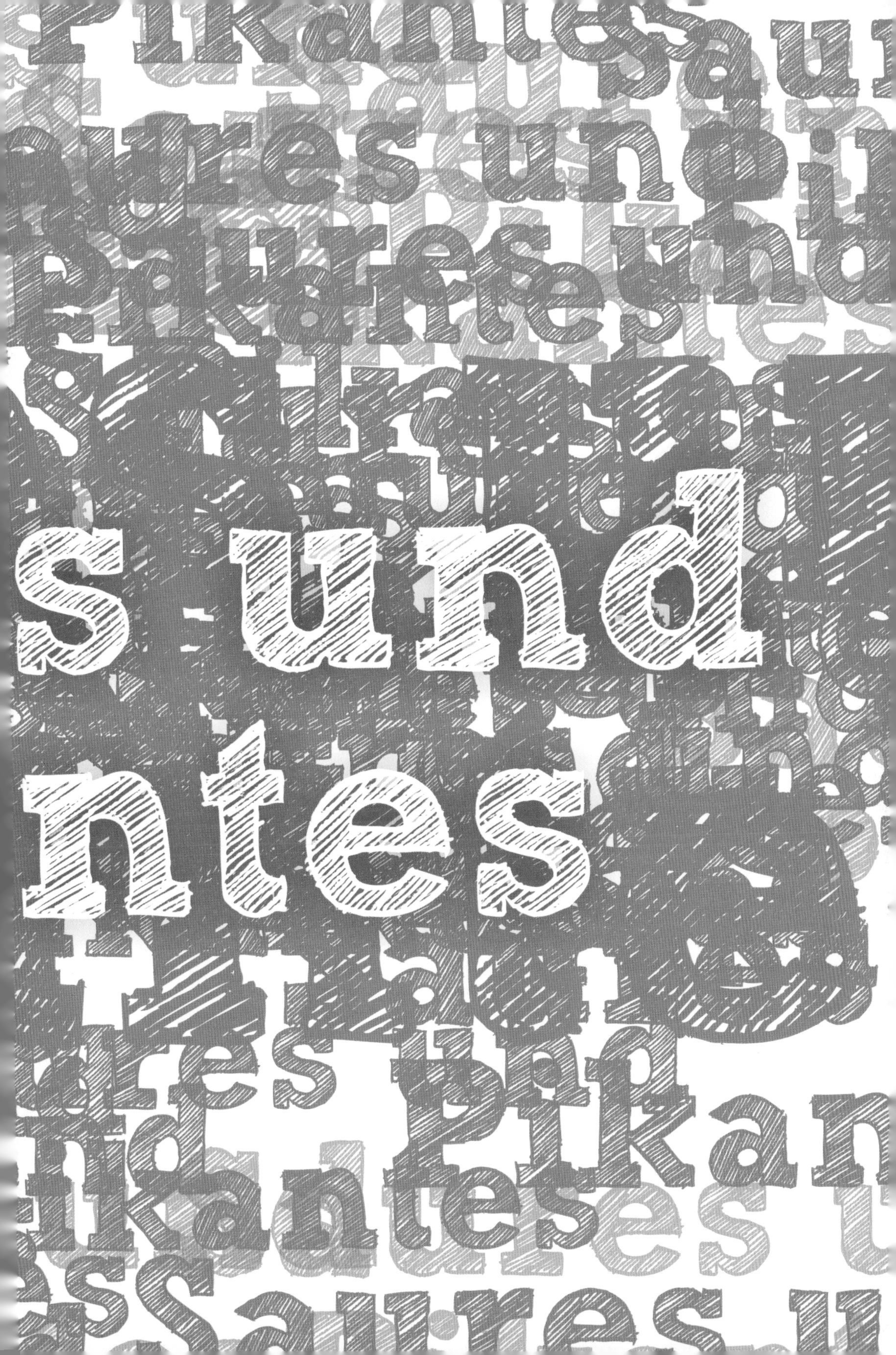
s und
ntes

Zucchini-Chutney

Zutaten

- 600 g Zucchini
- 200 ml Apfelessig
- 2 EL Olivenöl
- 400 g Zwiebeln
- 4 Knoblauchzehen
- 2 rote Chilischoten

Weitere Gewürze

- 10 schwarze Pfefferkörner
- 1 TL edelsüßes Paprikapulver
- 2 EL Rohrzucker
- 1/2 TL Salz
- 1 Rosmarinzweig

Olivenöl erhitzen, klein geschnittene Zwiebeln anbraten, Knoblauchzehen mitbraten, Chilischoten untermengen, alles zusammen ca. 5 Minuten dünsten.

Zucchini waschen, trocken tupfen, in kleine Würfel schneiden, in die Pfanne dazugeben, Essig hinzufügen und bei schwacher Hitze ca. 15 Minuten köcheln lassen, bis die Zucchini weich sind.

Die weiteren Gewürze untermengen, alles nochmals aufkochen und ca. 45 Minuten einkochen lassen (bis die Flüssigkeit verdampft ist).

1 Rosmarinzweig hacken und unterrühren. Saubere Gläser auf einem feuchten Geschirrtuch vorbereiten, das Chutney einfüllen, die Gläser gut verschließen und sofort auf den Kopf stellen.

Tipp: Ungeöffnet ist das Chutney ca. 1 Jahr haltbar. Geöffnet im Kühlschrank aufbewahren und rasch verbrauchen.

Zucchini-Paprika-Relish

Zutaten

- 1 kg gelbe Zucchini
- 400 g rote Paprika
- 250 g Schalotten
- 4 Knoblauchzehen
- 500 g Weißweinessig
- 100 g Rohrzucker
- 1 TL Meersalz
- je eine Prise Pfeffer, Piment und Koriander
- nach Belieben 1 cm große Ingwerwurzel

Paprika und Zucchini waschen und würfeln. Schalotten und Knoblauch schälen und hacken, Ingwerwurzel schälen und reiben.

Alles in einen Topf geben, Essig, Zucker und Gewürze zugeben und das Ganze bei mittlerer Hitze ca. 45 Minuten einkochen, dabei immer wieder umrühren.

Saubere Gläser auf einem feuchten Geschirrtuch vorbereiten, das Chutney einfüllen, die Gläser gut verschließen und sofort auf den Kopf stellen.

Die Gläser an einem kühlen, dunklen Ort lagern, vor dem ersten Verzehr zumindest 5 Tage ziehen lassen.

Gesundheitstipp

Zucchini

Zucchini sind leicht bekömmlich (Diät- und Schonkost), reich an Vitaminen und Mineralien. Sie wirken entwässernd und kräftigen das Immunsystem, daher wird das Herz entlastet. Die enthaltenen Bitterstoffe kurbeln Galle und Leber an. Sie wirken entsäuernd, gegen hohen Blutdruck und lindernd bei Gichtbeschwerden.

Apfel-Chutney

Zutaten

- 1 kg Äpfel
- 150 g Zwiebeln
- 1 EL Senfkörner
- 1 TL Meersalz
- etwas Pfeffer
- 125 ml Weißweinessig
- 600 g brauner Kandiszucker
- 20 g Bourbon-Vanillezucker

Äpfel schälen, in feine Stücke schneiden. Zwiebeln schälen und würfeln.

Alle Zutaten in einen großen Kochtopf geben, alles aufkochen und ca. 20 Minuten bei mittlerer Hitze einkochen.

Kochgut in vorbereitete Gläser füllen, sofort verschließen und die Gläser auf den Kopf stellen.

Tipp: Wird länger eingekocht, dann wird die Konsistenz des Chutneys fester. Das Chutney passt hervorragend zu Gegrilltem.

Marillen-Nektarinen-Paprika-Chutney

Zutaten

- 450 g Marillen
- 450 g entsteinte und in Streifen geschnittene Nektarinen
- 300 g gelbe Paprikaschoten
- 200 ml Obstessig
- 175 ml Orangensaft
- 500 g brauner Rohrzucker
- Salz, Pfeffer, Curry
- edelsüßes Paprikapulver

Das Obst und Gemüse mit dem Zucker aufkochen, 5 Minuten kochen lassen, Essig und Orangensaft zufügen, mit den Gewürzen abschmecken. Etwa ein Viertel mit dem Pürierstab pürieren, alles noch einmal aufkochen lassen. Das Chutney sofort in Gläser füllen, verschließen und auf den Kopf stellen.

Marillen-Apfel-Karotten-Chutney

Zutaten
- 300 g entkernte und geschälte Marillen
- 100 g geschälte und in Scheiben geschnittene Äpfel
- 150 g geschälte und geraspelte Karotten
- 150 g geschälte und in Ringe geschnittene Frühlingszwiebeln
- 200 ml Weißwein
- 200 ml Orangensaft
- 250 ml Gelierzucker 1:1
- Salz, Pfeffer, etwas Curry

Obst und Gemüse in einem Kochtopf mit dem Zucker gut vermengen, alles unter ständigem Rühren aufkochen, ca. 10 Minuten kochen lassen, öfters umrühren. Wein, Orangensaft und Gewürze zugeben, mit dem Pürierstab nur ca. ein Viertel pürieren, alles noch einmal aufkochen lassen. Das Chutney in die vorbereiteten Gläser füllen, verschließen und auf den Kopf stellen.

Pfirsich-Rosmarin-Chutney – pikant und fruchtig

Zutaten
- 500 g entkernte und in Scheiben geschnittene Pfirsiche
- 150 g geschälte und geschnittene Zwiebeln
- 2 EL gehackter Rosmarin
- 150 ml Himbeeressig
- 100 ml Pfirsichnektar
- 125 ml Gelierzucker 1:1
- 1/2 TL Meersalz

Pfirsiche mit Zwiebeln und Zucker vermengen, Gewürze und Essig mit Nektar zugeben, aufkochen, 5 Minuten kochen lassen, immer wieder umrühren. Mit Salz abschmecken, in Gläser füllen, verschließen und die Gläser auf den Kopf stellen.

Marillen-Chutney

Zutaten

- 750 g entkernte und in feine Stücke geschnittene Marillen
- 250 g geschälte und klein geschnittene Zwiebeln
- 125 ml Orangensaft
- 125 ml Weißweinessig
- 250 g Gelierzucker 1:1
- Meersalz
- Pfeffer

Marillen und Zwiebeln mit dem Zucker gut verrühren und unter Rühren aufkochen, ca. 10 Minuten kochen lassen. Orangensaft und Essig zufügen. Chutney mit Gewürzen abschmecken und randvoll in vorbereitete Gläser füllen, verschließen und umdrehen.

Würziges Paprika-Zucchini-Relish

Zutaten

- 400 g geschälte und geschnittene Zwiebeln
- 200 g rote, in Streifen geschnittene Paprika
- 200 g grüne, in Streifen geschnittene Paprika
- 400 g in Streifen geschnittene Zucchini
- 2 geschälte und gehackte Knoblauchzehen
- 6 EL Olivenöl
- 200 g klein geschnittene Fleischtomaten
- 375 ml Weißweinessig
- 200 ml Tomatensaft
- 2 EL Tomatenmark
- 1 TL Meersalz
- 1 gestrichener TL Currypulver
- 1 gestrichener TL edelsüßes Paprikapulver
- 250 g Gelierzucker 1:1
- Pfeffer

Das Gemüse im Olivenöl andünsten.

Alle anderen Zutaten mit dem Zucker verrühren und aufkochen, 15 Minuten kochen lassen, immer wieder umrühren, mit Gewürzen und Salz abschmecken. Etwa die Hälfte des Relish pürieren, noch einmal alles aufkochen und danach in die vorbereiteten Gläser randvoll einfüllen, verschließen und die Gläser auf den Kopf stellen.

Shiitakepilze in Rosmarinöl

Zutaten

- 1 kg Shiitakepilze
- 1 unbehandelte Zitrone
- 1 Zweig Rosmarin
- 1 Zweig Thymian
- ein paar Salbeiblätter
- 500 ml Weißweinessig
- 400 ml Olivenöl
- 1/2 TL Meersalz
- 2 Lorbeerblätter
- 4 Knoblauchzehen
- 5 Pfefferkörner
- 3 Wacholderbeeren

Die Pilze putzen, die Zitrone auspressen, die Kräuter waschen und trocken tupfen.

Essig mit 1/2 l Wasser zum Kochen bringen, Zitronensaft, Salz, Kräuter und Gewürze zugeben, die Pilze zugeben und ca. 5 Minuten kochen lassen. Den Topf von der Herdplatte nehmen und noch weitere 15 Minuten ziehen lassen.

Die Pilze auf Küchenkrepp abtropfen lassen, dann die Pilze mit Kräutern in Gläsern verteilen. Knoblauch zugeben, die Pilze mit so viel Olivenöl begießen, dass sie ganz bedeckt sind.

Die Gläser verschließen und an einen kühlen, dunklen Ort stellen. Vor dem Verzehr mindestens 1 Woche ziehen lassen.

Gesundheitstipp

Shiitake

Shiitake gehört zu den Vitalpilzen und wird in der Traditionellen Chinesischen Medizin gegen Krebs, bei Cholesterinproblemen, Grippe und Erkältungen, Rheuma und Arthritis eingesetzt. Er ist reich an Vitamin B12, Folsäure und Provitamin D sowie an Eisen, Kalzium, Kalium und Zink. Besonders wirkungsvoll sind die Polysaccharide, denen nachgewiesen wurde, dass die Tumorabwehr verbessert wird und auch weniger Tumore gebildet werden. In Japan wird Shiitake zur Unterstützung von Krebspatienten eingesetzt. Der Pilz wirkt antiviral und antibakteriell, blutdrucksenkend aufgrund des Stoffes Eritadenin und hat eine Leberschutzfunktion.

Paprika-Relish

Zutaten

- 500 g rote, in kleine Streifen geschnittene Paprika
- 500 g gelbe, in kleine Streifen geschnittene Paprika
- 250 g geschälte und geschnittene Zwiebeln
- 100 ml Weißweinessig
- 200 ml Orangensaft
- 1/2 EL edelsüßes Paprikapulver
- 125 g Gelierzucker 1:1
- Meersalz
- Pfeffer

Paprika und Zwiebeln mit dem Zucker in einem Topf verrühren, unter Rühren aufkochen, 8 Minuten kochen lassen, Essig und Orangensaft zufügen, mit Salz und Pfeffer abschmecken und in die vorbereiteten Gläser füllen, verschließen und die Gläser auf den Kopf stellen.

Gesundheitstipp

Paprika (Frucht)

Paprika sind reich an Vitamin C (roter Paprika hat mehr Vitamin C als grüner), Provitamin A und Vitamin B6, Carotinen und Flavonoiden. Sie enthalten Mineralstoffe wie Kalzium, Magnesium, Kalium, Eisen und Phosphor, sind durchblutungsanregend für die Haut, regen die Herzleistung an, sind hilfreich bei Thrombosen, schmerzdämpfend, verdauungsfördernd und harntreibend.

Gemischte Paprika

Zutaten

- 4 Paprika (rot, orange, gelb, grün)
- 1 Knoblauchzehe
- 2 Stängel Petersilie
- 5 Stängel Schnittlauch
- Olivenöl zum Auffüllen der Gläser

Paprika waschen, halbieren, entkernen und mit Küchenkrepp trocken tupfen. Anschließend in Streifen schneiden und in saubere Gläser füllen, fein gehackte Kräuter zugeben und mit Olivenöl auffüllen. Im Kühlschrank bis zu einem halben Jahr haltbar.

Tipp: Entnehmen Sie den Inhalt immer nur mit einem sauberen Löffel, nur so kann der restliche Glasinhalt weiterhin im Kühlschrank haltbar sein. Eingelegte Paprika passen hervorragend als Beilage zu Gegrilltem oder auch als Vorspeise.

Paprika mit Tomaten

Zutaten

- 2 Teile Paprika
- 1 Teil Tomaten
- Öl

Paprika und Tomaten fein schneiden, beides zusammen in etwas heißem Öl anrösten, halb weich dünsten. Die Masse ca. 3/4 voll in Gläser einfüllen und in Dunst kochen.

Südliche Tomatensoße mit Paprika und Oliven

Zutaten

- 400 g gelbe, in Streifen geschnittene Paprika
- 700 g in kleine Würfel geschnittene Tomaten
- 100 g entsteinte, klein geschnittene, schwarze Oliven
- 1 EL Olivenöl
- 100 ml Balsamico Bianco
- 125 g Gelierzucker 1:1
- Salz
- Pfeffer

In einem Kochtopf das Olivenöl erhitzen, Paprika andünsten, Tomaten, Oliven und Essig zugeben und mit dem Zucker gut verrühren. Alles unter Rühren zum Kochen bringen und ca. 15 Minuten kochen lassen, salzen und pfeffern, in Gläser randvoll einfüllen, verschließen und die Gläser auf den Kopf stellen.

Tipp: Diese Soße passt prima zu Pasta oder zu gegrilltem Fleisch.

Gesundheitstipp

Tomate

Tomaten enthalten Lykopin, das das Krebsrisiko verringern soll. Sie stärken das Immunsystem, sind blutreinigend und hilfreich bei Gichtleiden und Arthritis. Sie wirken gegen Arterienverkalkung, sind entschlackend, entwässernd, verdauungsfördernd, cholesterinsenkend. Positive Wirkung auch bei Magensäureüberschuss.

Geröstete Pilze

Zutaten

- 500 g gemischte Pilze (z. B. Shiitakes, Champignons, Steinpilze, Eierschwammerl)
- 1 weiße Zwiebel
- 5 g Petersilie
- Öl

Pilze feinnudelig schneiden, mit reinem, kochendem Wasser übergießen und abseihen. In heißem Öl klein gehackte Zwiebel hellgelb rösten, fein gehackte Petersilie und Pilze zugeben und einige Minuten dünsten, bis kein Wasser mehr vorhanden ist. Danach etwas mehr als halbvoll in Gläser füllen und in Dunst kochen.

Wurzelwerk

Zutaten
- 1 Teil Zwiebel
- 1 Teil Gelbe Rüben
- 1 Teil Petersilienwurzel
- 1 Teil Sellerie
- Öl

Gemüse blättrig schneiden und mit etwas gehackter Petersilie in etwas Öl anrösten und halb weich dünsten. Gläser 3/4 voll befüllen und in Dunst kochen.

Tipp: Wurzelwerk eignet sich zur geschmacklichen Verbesserung aller Suppen, als Beigabe von Braten (Tafelspitz oder Rindsbraten), fein püriert als Soßengrundlage oder für Aufstriche.

Pikante Suppenwürze

Zutaten
- 200 g Karotten
- 1 Knoblauchzehe
- 1 Zwiebel
- 2 Paprika (bunt)
- 100 g Sellerie
- 20 g Petersilie
- 5 g Salz

Die Zutaten frisch durch den Fleischwolf drehen und einfrieren oder die Zutaten leicht kochen und mit dem Pürierstab mixen und einfrieren.

Tipp: Wenn Sie die Würze in Eiswürfelbehälter einfrieren, ist sie portionsweise entnehmbar.

Suppenbrühe

Zutaten

- 140 g Zwiebeln
- 40 g Meersalz
- 85 g Karotten
- 25 g Lauch
- 65 g Sellerie
- 10 g Petersilie

Den Backofen auf 75 Grad vorheizen, alle Zutaten klein schneiden und im Mixer möglichst fein pürieren.

Ein Backblech mit Backpapier auslegen und die Masse dünn aufstreichen, im Backofen – am besten über Nacht – ca. 8 Stunden trocknen lassen. Die Ofentür sollte einen Spalt breit offen sein, damit die Feuchtigkeit entweichen kann (am besten, einen Holzkochlöffel in die Tür einklemmen).

Diese getrocknete Masse kann in Teile gebrochen werden und wiederum im Mixer bzw. Fleischwolf fein gemahlen werden. Das Pulver in gut verschließbare Schraubverschlussgläser füllen. Würze ist gut 10 Wochen haltbar.

Rote-Rüben-Salat

Zutaten

- 1,5 kg Rote Rübe
- geriebener Kren

Essiglösung

- 500 ml Weingeistessig
- 250 ml Wasser
- 1 Msp. Salz
- Kümmel
- 30 g Zucker

Essiglösung zubereiten und erwärmen.

Die Roten Rüben weich kochen, schälen und in gleichmäßig dünne Scheiben schneiden. In Gläser füllen, dabei lagenweise mit geriebenem Kren bestreuen und mit ausgekühlter Essiglösung übergießen. Die Gläser luftdicht verschließen und 40 Minuten in Dunst kochen.

Gesundheitstipp

Rote Rüben

Rote Rüben wirken allgemein stärkend und appetitanregend, sie fördern die Gallensekretion, beugen Erkältungen und Grippe vor, aktivieren die Zellatmung. Der hohe Eisengehalt unterstützt die Blutbildung.

Einziger Nachteil: Rote Rüben enthalten viel Oxalsäure. Daher sollten Menschen, die zur Bildung von Nieren- oder Harnsteinen neigen, dieses Gemüse nur selten und in kleinen Mengen verzehren. Außerdem zählt die Rote Rübe, wie Spinat, zu den nitratreichen Gemüsesorten. Dies bedeutet, dass bei unsachgemäßer Aufbewahrung und Zubereitung (z. B. langes Warmhalten oder Wiedererwärmen) aus Nitrat das gefährliche Nitrit gebildet wird, das insbesondere für Kleinkinder kritisch ist.

Mixed Pickles

Zutaten

- kleine Karfiolröschen von 1 Karfiol
- 5 Karotten
- 2 Zwiebeln oder Schalotten
- 6 kleine Gurkerl
- 6 junge Maiskolben
- 1 Sellerie

Gewürzessig

- 750 ml Weingeistessig
- 1 TL Salz
- einige Senfkörner
- einige Pfefferkörner
- 2 Stück Würfelzucker

Den Gewürzessig folgendermaßen zubereiten:

Essig mit den angegebenen Gewürzen aufkochen und ca. 15 Minuten ziehen lassen, abseihen und kalt stellen.

Das Gemüse putzen, schneiden, alles (außer Gurken) in Salzwasser kurz überkochen, abseihen, kalt abschrecken. Das Gemüse in die Gläser hübsch einschlichten und mit dem ausgekühlten Gewürzessig übergießen, Gläser luftdicht verschließen und kühl aufbewahren.

Gurkensalat

Zutaten
- 4 Gurken
- 4 EL Weingeistessig

Gurken schälen, feinblättrig hobeln, mit etwas Weingeistessig säuern, dicht in Gläser drücken und in Dunst kochen.

Tipp: Vor Gebrauch wird dieser Salat noch mit Salz, Öl, Paprika, Pfeffer und Kümmel vermischt. Die eingelegten Gurken können auch zur Gurkensoße weiterverarbeitet werden.

Gurkensalat in Essig

Zutaten
- 4 Gurken
- 4 EL Weingeistessig
- Öl zum Befüllen der Gläser

Salatgurken schälen und hobeln, mit Weingeistessig vermischen und dicht in Gläser füllen, fingerdick mit Speiseöl (z. B. Rapsöl) übergießen, Gläser verschließen und kühl und trocken aufbewahren.

Gesundheitstipp

Gurke

Gurken sind sehr kalorienarm, basenreich, wirken wassertreibend und harnsäurelösend. Sie enthalten wertvolle Inhaltsstoffe wie Provitamin A, Vitamin B1 und Vitamin C sowie Mineralstoffe wie Kalzium, Eisen, Kalium, Natrium und Phosphor. In der Medizin werden Gurkensamen zur Behandlung von Harnblasenproblemen und Prostatabeschwerden genutzt. Der Gurkensaft findet in der Kosmetik Anwendung, da die Aminosäuren der Gurke das Wasser der Haut binden und sie so gereinigt und geglättet wird (sowohl bei innerlicher als auch äußerlicher Anwendung).

Essiggurken

Zutaten

- 4 kg Essiggurken
  (ca. 100 Stück kleine Gurken)
- einige Weinblätter
- Salz
- 8 Schalotten
- Dillkraut
- 4 Stück grüne Paprika
- eine halbe Krenwurzel
- 1,5 l Weingeistessig
- 1 Stück Würfelzucker
- 10 Stück Pfefferkörner

Gurken waschen und abwechselnd mit den übrigen Zutaten (geschält, in kleine Teile geteilt) in ein Glas (Fassungsvermögen 5 l) schichten. Zum Essig werden etwas Wasser, die Pfefferkörner und das Zuckerstück gegeben, diese Flüssigkeit aufkochen und über die Gurken gießen, über Nacht kühl stellen. Am nächsten Tag wird der Essig nochmals abgeseiht, nochmals aufgekocht und heiß über die Gurken gegossen. Das Gefäß verschließen.

Tipp: Sie können auch Tomaten in Essig einlegen. Die Zubereitung ist wie bei den Essiggurken.

Senfgurken

Zutaten

- 1,5 kg Salatgurken (ca. 5 Stück)
- 20 g Senfkörner
- Salz
- in Scheiben geschnittener Kren
- 2 Schalotten
- 500 ml Weingeistessig

Gurken schälen, der Länge nach durchschneiden, Kerngehäuse entfernen, einsalzen und über Nacht stehen lassen. Am nächsten Tag abtropfen lassen und mit den Senfkörnern, den geschälten halbierten Schalotten und Krenscheiben in Gläser schichten. Mit gekochtem, verdünntem und gesalzenem Essig übergießen und 2 Tage abgedeckt stehen lassen. Essig abgießen, ihn nochmals aufkochen, auskühlen lassen und wieder über die Gurken gießen. Dann die Gläser gut (sauberer Rand!) verschließen.

Gesundheitstipp

Senfkorn

Senfkörner sind appetitanregend und verdauungsfördernd, außerdem wirken sie positiv auf den Speichelfluss und die Magensaftproduktion. Sie wirken durchblutungsfördernd und antibakteriell. Bei Muskel- und Gelenkschmerzen werden Senfkörner äußerlich (in Form von Salben, Auflagen) angewendet, um die Durchblutung anzuregen.

Sauerkraut

Zutaten

- 10 kg Weißkraut
- 100 g Salz
- 50 g Zucker
- Kümmel und Wacholderbeeren
- nach Belieben: Kren, Äpfel, Karotten, Lorbeerblätter

Das Weißkraut wird fein gehobelt und in einen Steinguttopf lagenweise sehr gut eingestampft.

Zwischen die einzelnen Lagen kommen die abgemischten Zutaten. Die letzte Lage besteht aus Krautblättern, darüber wird ein Leinentuch gelegt und das Ganze wird mit einem Deckel oder Ähnlichem beschwert.

In einem Raum bei 12 bis 14 Grad Celsius erfolgt die Gärung, die ca. 3 bis 4 Wochen dauert. Der sich immer wieder bildende Schaum wird während der Gärzeit regelmäßig abgeschöpft.

Tipp: 10 kg Weißkraut ergeben ca. 6,5 kg Sauerkraut.

Gesundheitstipp

Sauerkraut

Sauerkraut ist ein probiotisches Nahrungsmittel, d. h., es ist voll mit hochwirksamen und lebenswichtigen Mikroorganismen, die das Immunsystem bilden und vor Krankheiten schützen. Diese wertvollen Milchsäurebakterien befinden sich bereits auf dem frischen Kraut (Kohl), sie beginnen dann unter bestimmten Bedingungen (warme Temperatur, Sauerstoffabschluss, flüssiges Milieu) mit der Verarbeitung von Kraut zu Sauerkraut. Sauerkraut ist reich an Vitamin B12, das besonders für Veganer wichtig ist, außerdem ist es für alle Personen mit angegriffener Darmflora zu empfehlen und ein verlässlicher Vitamin-C-Spender – besonders in der kalten Jahreszeit.

Schafkäse in Öl

Zutaten

- 200 g Schafkäse
- 2 TL rote und grüne Pfefferkörner
- 1 TL grobes Steinsalz
- einige Chilischoten
- 60 g Oliven
- 250 g Sonnenblumenöl oder Olivenöl
- einige Basilikum- oder Bärlauchblätter

Alle Zutaten (außer Käse) mit dem Öl vermischen. Käse in ein Glas legen und so viel Öl angießen, dass der Käse mindestens 2 cm damit bedeckt ist. Vor dem Verzehr mindestens 2 Tage ziehen lassen.

Tipp: Zusätzlich können Sie noch schwarze Pfefferkörner, Rosmarin, Zitronenschale, Bohnenkraut, Thymian oder einige Knoblauchzehen dazugeben. Das verbliebene Öl können Sie zum Anbraten von Lammgerichten verwenden. Der Käse ist im Kühlschrank 2 Wochen haltbar. Andere Frischkäse können ebenfalls auf diese Weise eingelegt werden.

Kräutere
Kräut

ssige und
eröle

Blütenessig

Zutaten

- 5 Handvoll verschiedene Blüten (z. B. Lavendelblüten, Klee, Kapuzinerkresse, Schlüsselblumen, Rosen, Rosmarinblüten etc.)
- Weingeistessig zum Aufgießen

Die Blüten mit erwärmtem Essig aufgießen, in Flaschen füllen und auf eine sonnige Fensterbank stellen. Täglich schütteln und nach 2 Wochen abseihen.

Tipp: Als verdünntes Getränk schmeckt der Blütenessig sehr erfrischend.

Veilchenessig

Zutaten

- 1 Handvoll Veilchenblüten
- Weingeistessig zum Auffüllen

1 Handvoll Blütenblätter mit Weingeistessig übergießen, Flasche verschließen, an einem hellen Ort etwa 2 Wochen stehen lassen.

Gesundheitstipp

Veilchen

Veilchen (als Sirup, Tee) helfen bei Bronchitis, Husten und Halsentzündungen, schützen vor Erkältungen, stärken das Immunsystem, außerdem wirken sie schleimlösend und schlaffördernd. Veilchenessig wirkt blutdruckstabilisierend, beruhigend für extrem nervöse Personen, kann löffelweise gegen Kopfschmerzen eingenommen werden.

Dillessig

Zutaten

- einige Zweige Dillkraut
- Weingeistessig zum Auffüllen

Einige Zweige Dillkraut (auch mit Samen möglich) in eine Flasche geben und mit Weingeistessig auffüllen. Nach 2 Wochen nach Belieben verwenden. Wird der Geschmack zu intensiv, die Zweige entfernen.

Gesundheitstipp

Dill

Dill hilft gegen Blähungen und bei anderen Verdauungsbeschwerden sowie bei Schlafproblemen. Er ist appetitanregend, nervenberuhigend und liefert Mineralstoffe wie Kalium, Kalzium, Eisen und die Vitamine A und C.

Holunderessig

Zutaten

- 3 saubere Holunderdolden
- Weingeistessig zum Aufgießen

Frische, saubere Holunderblüten pflücken und in eine hübsche Flasche geben, mit Weingeistessig auffüllen. Nach 14 Tagen den Essig abseihen.

Tipp: Sie können den Essig auch mit Holunderbeeren oder mit Brombeeren herstellen.

Gesundheitstipp

Holunder

Holunder hat positive Wirkungen auf die Niere, die Blase und verhilft zu einem guten Blutbild.

Basilikumessig

Zutaten

- 1 Zweig Basilikum
- 1 Flasche Apfelessig

1 Zweig Basilikum wird in 1 Flasche mit Apfelessig gesteckt. Der Essig wird nach Bedarf verwendet, wird der Geschmack zu intensiv, so wird der Zweig entfernt.

Gesundheitstipp

Basilikum
Basilikum wirkt entzündungshemmend, antibakteriell, in großen Mengen auch schweißtreibend und damit fiebersenkend. Das Öl, das in den Blättern enthalten ist, hat beruhigende und krampflösende Eigenschaften.

Bei Ohnmachtsanfällen den Basilikumessig unter die Nase halten. Wirkt auch lustfördernd.

Fenchelessig

Zutaten

- 2 EL Fenchelkraut
- einige Dillspitzen
- 1 l Weingeistessig

2 EL frisches Fenchelkraut und einige Dillspitzen auf 1 l Essig geben, gemeinsam erwärmen und in verschließbare Gefäße füllen. 1 Woche ziehen lassen, abseihen.

Gesundheitstipp

Fenchel
Fenchel wirkt krampflösend (Magen-Darm-Beschwerden) und beruhigend.

Rosmarinessig

Zutaten

- 10 EL Rosmarinblätter
- einige Pfefferkörner
- 2 Knoblauchzehen
- 1 EL Senfkörner
- 1 l Weingeistessig

Rosmarinblätter, Pfefferkörner, Knoblauchzehen und Senfkörner mit dem Essig aufgießen. 2 bis 4 Wochen in der Küche bei 20 bis 25 Grad stehen lassen, gelegentlich mit einem sauberen Löffel umrühren. Ist der gewünschte Geschmack erreicht, abseihen, in Flaschen füllen und verschließen.

Gesundheitstipp

Rosmarin

Rosmarin zeigt entzündungshemmende, krampflösende, antibakterielle und pilztötende Wirkung und eignet sich zur allgemeinen Stärkung. Hilft auch bei Rheuma.

Melissenessig

Zutaten

- 2–3 Melissenstängel
- Weingeistessig zum Aufgießen

Frisch gepflückte Stängel mit den Blättern und Blüten etwas quetschen und in ein sauberes Gefäß füllen. Mit leicht erwärmtem Essig übergießen, das Kraut soll bedeckt sein. Verschlossen an einen sonnigen Ort stellen und während der Ziehzeit von 2 bis 3 Wochen täglich schütteln.

Gesundheitstipp

Melisse
Melisse wirkt entkrampfend (Menstruationsbeschwerden, Magen-Darm-Beschwerden), beruhigend, schlaffördernd und antibakteriell.

Salbeiessig

Zutaten

- 2 Salbeizweige
- Schale einer ungespritzten Zitrone
- 1 l Weinessig

Salbei und die Zitronenschale mit dem Weinessig aufgießen, gut durchschütteln, verschließen, 3 Wochen stehen lassen, abseihen.

Gesundheitstipp

Salbei

Salbei wirkt krampflösend (Magen-Darm-Beschwerden, Menstruationsbeschwerden), antibakteriell, schmerzstillend, magenstärkend, entzündungshemmend und blutreinigend und ist ein gutes Mittel gegen Schwitzen, Husten und Appetitlosigkeit. Verdünnt kann der Essig als Haarspülung zur Haarkräftigung verwendet werden.

Himbeeressig

Zutaten

- Himbeeressig
- 1 Teil Himbeersirup (siehe Rezept Seite 67)
- 2 Teile guter Essig

Den Himbeersirup mit dem Essig in eine Flasche gießen und kräftig schütteln. Eine Woche stehen lassen.

Tipp: Dieser Essig gibt insbesondere Blattsalaten eine besondere Note. Ist er für Ihren Geschmack zu „beerig“, dann verdünnen Sie den Himbeeressig mit Weingeistessig. Besonders hübsch sieht der Essig aus, wenn Sie vor dem Einfüllen des Sirups ein paar ganze Himbeeren auf den Flaschenboden legen.

Gesundheitstipp

Himbeeressig

Aus diesem Himbeeressig wird mit etwas Wasser eine Limonade hergestellt, die Kranken und Rekonvaleszenten gereicht wird. Dieses Getränk ist für Fiebernde erfrischend.

Bärlauchöl

Zutaten

- Im Frühling:
  3 Handvoll Bärlauchblätter
- Im Herbst:
  6–8 Bärlauchzwiebeln
- 1 l Olivenöl

Die Blätter bzw. die Zwiebeln mit Olivenöl aufgießen. 4 Wochen im Dunkeln stehen lassen, danach abseihen, das Öl in dunkle Flaschen füllen. Dieses Öl hält monatelang und eignet sich auch zum Beizen von Fleisch hervorragend.

Gesundheitstipp

Bärlauch

Bärlauch hat blutreinigende Wirkung und verbessert auch das Hautbild. Er schützt die Arterien, da Bärlauch ähnlich wie Knoblauch der Arteriosklerose vorbeugt und einen erhöhten Blutdruck senkt. Außerdem wirkt er schleimlösend, desinfizierend, hemmt das Wachstum schädlicher Bakterien und hilft auch bei Durchfall.

Estragon-Kräuteröl

Zutaten

- 3 Tassen kalt gepresstes Sonnenblumenöl
- 1 Tasse frische, gehackte Petersilie
- 1 Tasse beliebige andere Kräuter, z. B. Estragon

Alle Zutaten vermischen und 1 Woche an einem kühlen Ort stehen lassen, dabei immer wieder umrühren. Das Öl abgießen und in saubere Flaschen füllen.

Petersilienöl

Zutaten

- 50–100 g Petersilie
- 250 ml Distel- oder Sonnenblumenöl

Petersilie zerkleinern, mit dem Öl aufgießen, Gefäß verschließen und dunkel und kühl lagern.

Gesundheitstipp

Petersilie

Petersilie ist ein Vitamin-C-Spender, wirkt entzündungshemmend, oxidationshemmend und harntreibend. Hilft bei Bauchkrämpfen und Blähungen und eignet sich zur Behandlung von Gicht, rheumatischen oder arthritischen Erkrankungen.

Achtung: Nicht in größeren Mengen während der Schwangerschaft verzehren, da die Petersilie die Muskulatur der Gebärmutter (Wehen!) anregen kann.

Johanniskrautöl

Zutaten

- 1 Handvoll Johannis-krautknospen
- Rapsöl oder Sonnenblumenöl zum Auffüllen

Für das Öl sollte man hauptsächlich Knospen pflücken, denn diese enthalten den roten, heilsamen Farbstoff. Blüten und Knospen etwas quetschen (z. B. mit einem Nudelholz), aber darauf achten, dass die Arbeitsunterlage nicht rot wird. Der rote Farbstoff soll ja in das Öl übergehen.

Anschließend in ein Glas füllen, mit Olivenöl aufgießen, mit Tuch abdecken (keinen Schraubverschluss!) und so lange in der Sonne stehen lassen, bis das Öl dunkelrot ist. Das Glas soll im Freien in direkter Sonneneinstrahlung stehen, am Abend aber wegen der Nachtfeuchtigkeit ins Haus geholt werden. Nach 2 bis 3 Wochen Ziehzeit abseihen und kühl und dunkel lagern.

Gesundheitstipp

Johanniskrautöl

Johanniskrautöl findet als Salatöl Verwendung, aber auch als Heilöl für schmerzende Gelenke, zur Massage, zur Narbenbehandlung, bei Sonnenbrand oder bei Hautwunden.

Kräuterdressing für den Winter

Zutaten

- 1 Tasse getrocknetes Basilikum
- 1/2 Tasse getrockneter Dillsamen
- 1 EL Meersalz
- 2 EL Senfkörner
- 1 EL gemahlener schwarzer Pfeffer
- 1 gehackte Zwiebel
- frisches Naturjoghurt

Alle Zutaten vermischen und in 1 1/2 Tassen frisches Naturjoghurt rühren.

Das Dressing ist in einem verschlossenen Glas bis zu 2 Wochen im Kühlschrank haltbar.

Französisches Kräuteröl für den Sommer

Zutaten

- 1 Bund frischer Thymian
- 1 Bund frischer Rosmarin
- 5 Knoblauchzehen
- 500 ml Olivenöl

Angequetschte Kräuter und geschälte und halbierte Knoblauchzehen mit Öl übergießen, Flasche mit Deckel verschließen, 2 Wochen ziehen lassen. Nach dem Öffnen im Kühlschrank lagern. Das Öl ist längere Zeit haltbar.

Tipp: Schmeckt nicht nur in Salaten, sondern auch zu Ziegenkäse oder in Soßen zu Fleisch oder Gemüse.

Kompotte

Obstsorte	Zubereitung	Dunstdauer
Kirschen	Feste Kirschen dicht in die Gläser pressen, heiße Zuckerlösung (2 l Wasser, 500 g Kristallzucker) bis 1 cm unter Glasrand gießen. Siehe Grundrezept für Kompott Seite 18.	25 Minuten
Weichseln	Wie bei Kirschen.	25 Minuten
Marillen	Reife, feste Marillen werden mit kochendem Wasser übergossen und die Haut abgezogen, halbiert und schön geordnet dicht in die Gläser geschichtet, mit heißer Zuckerlösung übergießen.	20 Minuten
Pfirsiche	Wie bei den Marillen; beim Zubereiten der Zuckerlösung für die Pfirsiche kann ein aufgeschlagener Pfirsichkern mitgekocht werden.	
Pflaumen und Zwetschken	Können geschält oder mit der Schale eingekocht werden. Vorgang wie bei Kirschen.	20 Minuten
Ringlotten	Wie bei Kirschen.	25 Minuten
Äpfel	Äpfel schälen, Kerngehäuse entfernen, halbieren oder vierteln, in Wasser einmal aufkochen und vorsichtig in die Gläser legen, mit kalter Zuckerlösung übergießen.	20 Minuten
Birnen	Wie Äpfel, aber längere Dunstdauer.	25 Minuten
Kürbis	Schälen, Kerngehäuse entfernen, in Würfel schneiden und in gesponnenem Zucker (500 g Zucker, 250 ml Wasser auf 2 kg Frucht) kochen (ev. Zitronensaft und Gewürznelken zugeben), bis sie glasig sind. In die Gläser füllen.	20 Minuten
Rhabarber	Stängel schälen, in kleine Stücke schneiden, in kochendem Wasser einmal aufkochen, abseihen und in Gläser schichten, mit Zuckerlösung übergießen.	25 Minuten
Melonen	Noch nicht ganz reife Melonen schälen, halbieren, vom Kerngehäuse befreien, in der kochenden Zuckerlösung mit Zitronensaft einkochen, bis sie halb weich sind, herausnehmen, abkühlen lassen und in Gläser schichten. Erkaltete Zuckerlösung über die Früchte gießen.	25 Minuten

Obstsorte	Zubereitung	Dunstdauer
Ribisel	Kalt waschen, von den Stängeln befreien, in Gläser füllen, mit Zuckerlösung (1 kg Zucker mit 2 l Wasser) nur 3/4 voll aufgießen.	25 Minuten
Erdbeeren	Schöne, reife Erdbeeren in Gläser schichten und lagenweise mit Staubzucker bestreuen, obendrauf mit Zitronensaft beträufeln.	Gartenerdbeeren 20 Minuten; Walderdbeeren 15 Minuten
Himbeeren	Wie Ribiselkompott zubereiten, der Zuckerlösung etwas Zitronensaft beifügen.	25 Minuten
Brombeeren	Wie bei Himbeeren.	25 Minuten
Stachelbeeren	In Gläser legen und 3/4 voll mit Zuckerlösung übergießen. Stachelbeeren können auch mit Ribiseln kombiniert werden.	25 Minuten
Preiselbeeren	In der Zuckerlösung einmal aufkochen und noch heiß in Gläser füllen.	20 Minuten
Heidelbeeren	In Gläser schichten und mit der Zuckerlösung übergießen. Besser und einfacher werden die Heidelbeeren als Röster eingekocht, siehe Seite 48.	25 Minuten
Weintrauben	Von den Stielen befreien, in Gläser legen und mit Zuckerlösung übergießen.	25 Minuten
Quitten	Schälen, Kerngehäuse entfernen, in Spalten schneiden, in Gläser schichten, mit Zuckerlösung übergießen.	1 Stunde
Gemischtes Kompott	Man kann die verschiedensten Früchte gemeinsam einlegen. Die Früchte – jede Sorte für sich – in Zuckerwasser überkochen und den Saft zum Übergießen der in die Gläser eingelegten Früchte verwenden. Nur der beim Kochen von dunklen Früchten entstandene Saft (z. B. dunkle Kirschen) wird nicht zum Übergießen verwendet.	15–20 Minuten

Reinsortige Marmeladen

Die folgenden Rezepte weisen einen höheren Zuckergehalt und eine längere Einkochdauer auf, weil sie nur mit reinem Zucker und nicht mit Gelierzucker oder sonst einem Geliermittel eingekocht werden.

Marmelade	Zubereitung	Dauer
Marillen	Sehr reife Marillen mit 125 ml Wasser je kg Frucht aufkochen, pürieren und mit 750 g Zucker je 1 kg Fruchtmark unter ständigem Rühren bis zur Gelierprobe kochen. **Tipp:** Um eine Marmelade ohne Schale zu erhalten, empfiehlt es sich, die sehr reifen Früchte mit einem kleinen Löffel auszuhöhlen und so das schalenfreie Fruchtmark zu gewinnen. Eine andere Art, die Früchte zu schälen, ist, sie mit kochendem Wasser zu überbrühen und dann zu schälen.	12 – 20 Minuten
Pfirsiche	Wie bei Marillenmarmelade.	
Kirschen	Entkernte Kirschen mit 125 ml Wasser je 1 kg Früchte weich kochen, pürieren, 500 g Zucker hinzufügen und bis zur Gelierprobe kochen.	Ca. 20 Minuten
Weichseln	Wie bei Kirschen.	
Stachelbeeren	Reife Früchte halbieren, mit wenig Wasser weich kochen und pürieren. Zu 1 kg Fruchtmark 700 g Zucker geben und die Marmelade kochen. **Tipp:** 250 g Ribisel zu je 1 kg Stachelbeeren dazugeben.	Ca. 20 Minuten
Himbeeren	Himbeeren roh pürieren, je 1 kg Fruchtmark 750 g Zucker verwenden, bis zur Gelierprobe kochen.	20 Minuten
Ribiseln	1 kg pürierte Ribiseln mit 500 g Zucker bis zur Gelierprobe kochen.	20 Minuten
Ringlotten	Ringlotten entkernen, roh pürieren, mit 500 g Zucker auf 1 kg Frucht bis zur Gelierprobe kochen.	20 Minuten
Zwetschken	Reife, entkernte Früchte mit 125 ml Wasser je 1 kg Frucht aufkochen, pürieren und mit 500 g Zucker je 1 kg Frucht kochen. **Tipp:** Marmelade von geschälten Zwetschken: Die Früchte mit kochendem Wasser überbrühen, schälen, entkernen und wie beschrieben weiterarbeiten.	20 Minuten

Marmelade	Zubereitung	Dauer
Äpfel	Äpfel schälen, halbieren und mit etwas Wasser und Zitronensaft weich kochen, pürieren, ca. 400 g Zucker auf 1 kg Frucht verwenden, bis zur Gelierprobe einkochen.	20 Minuten
Quitten	Wie Apfel, aber mindestens 500 g Zucker auf 1 kg Früchte.	
Rhabarber	1,5 kg geschälte, klein geschnittene Rhabarberstängel mit 1 kg Zucker lagenweise in eine Schüssel geben und über Nacht kalt stellen. Am nächsten Tag unter ständigem Rühren bis zur Gelierprobe einkochen.	20 Minuten
Erdbeeren	Stellt man die Erdbeermarmelade ohne Pektin her, so nimmt man 250 g Zucker auf 1 kg Früchte. Die Erdbeeren roh pürieren, Zucker zugeben und bis zur Gelierprobe einkochen.	15 Minuten
Himbeeren	Wie bei Erdbeeren.	
Brombeeren	Wie bei Erdbeeren.	
Himbeer-Ribisel	3 Teile Himbeeren, 1 Teil Ribisel und 2 Teile Zucker; z. B.: 300 g Himbeeren, 100 g Ribisel, 200 g Zucker bis zur Gelierprobe einkochen.	25 Minuten
Kirschen-Ribisel	1 kg entkernte, gekochte Kirschen mit 250 g roh pürierten Ribiseln auf 600 g Zucker vermengen und bis zur Gelierprobe einkochen.	20 Minuten
Heidelbeeren	Heidelbeeren mit etwas Wasser weich kochen, pürieren, mit 500 g Zucker je kg Früchte bis zur Gelierprobe kochen.	15 Minuten
Holunder	Reife Holunderbeeren mit wenig Wasser weich dünsten, pürieren, mit 500 g Zucker auf 1 kg Frucht vermengen und bis zur Gelierprobe einkochen. **Tipp:** Die Marmelade vor dem Einfüllen mit einer Messerspitze Zimt würzen.	15 Minuten
Hagebutten	Sehr reife Hagebutten mit etwas Wasser weich kochen, pürieren und mit 400 g Zucker je kg Fruchtmark bis zum Gelieren einkochen.	20 Minuten
Orangen	Von den Orangen einen Deckel abschneiden und das Fruchtfleisch mit einem Löffel herausholen, Kerne entfernen, mit 500 g Zucker je kg Fruchtmark bis zum Gelieren einkochen.	20 Minuten

Dunstgemüse

Gemüse	Zubereitung	Dauer
Fisolen	Junge Fisolen schneiden, waschen und in kochendem Salzwasser einmal aufkochen, abseihen, fest in Gläser drücken, mit Salzwasser (1 l Wasser, 1 EL Salz) übergießen und in Dunst kochen.	90 Minuten
Erbsen	Wie bei Fisolen.	60 Minuten
Karfiol	Karfiol in Röschen teilen, Weiterverarbeitung wie bei Fisolen.	90 Minuten
Karotten	Kleine, junge Karotten waschen, putzen, einige Minuten in Salzwasser überkochen, abseihen und dicht in Gläser füllen. Mit Salzwasser übergießen und über Dunst kochen.	60 Minuten
Karotten mit Erbsen	Karotten putzen, kleinwürfelig oder feinblättrig schneiden und mit den grünen Erbsen kurz mit Salzwasser überbrühen. Nach dem Abseihen beides zusammen in Gläser füllen und mit frisch gekochtem, ausgekühltem Salzwasser übergießen und in Dunst kochen.	60 Minuten
Kohlrabi	Kohlrabi schälen, kleinwürfelig schneiden, mit kochendem Salzwasser überbrühen, abseihen, in Gläser schichten und mit ausgekühltem Salzwasser übergießen, in Dunst kochen.	30 Minuten
Pilze	Pilze sauber putzen, einen Augenblick in kochendes Salzwasser legen und abseihen. In Gläser schichten, mit frischem, ausgekühltem Salzwasser und mit etwas Essig übergießen und 20 Minuten in Dunst kochen. Am nächsten Tag nochmals 20 Minuten in Dunst kochen.	Am 1. Tag 20 Minuten und am 2. Tag nochmals 20 Minuten
Kürbis	Kürbis schälen, fein schneiden, mit etwas Einlegeessig vermischen, in Gläser füllen und in Dunst kochen.	20 Minuten
Tomatenmark	Reife Tomaten vierteln und in eigenem Saft weich dünsten, pürieren und unter ständigem Rühren köcheln, bis die Soße zur Hälfte eindickt. Dann in Gläser füllen und in Dunst kochen.	30 Minuten

Erntekalender für Obst

Monat	Was kann geerntet werden?
Jänner (heimische Frischware)	Mispeln
Jänner und Februar (heimische Lagerware)	Äpfel, Birnen
März und April (heimische Lagerware)	Äpfel
Mai und Juni (heimische und südländische Frischware)	Erdbeeren, Himbeeren, Stachelbeeren, Kirschen, Feigen
Juli (heimische und südländische Frischware)	Äpfel, Brombeeren, Erdbeeren, Heidelbeeren, Himbeeren, Jostabeeren, Ribiseln, Stachelbeeren, Birnen, Kirschen, Marillen, Pfirsiche, Maulbeeren, Weißdorn, Feigen, Felsenbirnen
August (heimische und südländische Frischware)	Äpfel, Brombeeren, Heidelbeeren, Himbeeren, Jostabeeren, Preiselbeeren, Ribiseln, Birnen, Marillen, Pfirsiche, Berberitzen, Dirndln, Holunder, Maulbeeren, Weißdorn, Zwetschken, Feigen, Felsenbirnen, Wassermelonen
September (heimische und südländische Frischware)	Äpfel, Brombeeren, Heidelbeeren, Himbeeren, Preiselbeeren, Birnen, Pfirsiche, Weintrauben, Berberitzen, Dirndln, Hagebutten, Holunder, Schlehen, Vogelbeeren, Zwetschken, Cranberrys, Feigen, Felsenbirnen, Gojibeeren, Kiwis, Nashis, Schisandra, Wassermelonen
Oktober (heimische und südländische Frischware)	Äpfel, Brombeeren, Himbeeren, Preiselbeeren, Birnen, Quitten, Berberitzen, Weintrauben, Hagebutten, Mispeln, Sanddorn, Schlehen, Vogelbeeren, Zwetschken, Cranberrys, Gojibeeren, Kakis, Kiwis, Nashis, Schisandra
November (heimische und südländische Frischware)	Quitten, Hagebutten, Mispeln, Sanddorn, Schlehen, Gojibeeren, Kakis
November (heimische Lagerware)	Äpfel, Birnen
Dezember (heimische Frischware)	Hagebutten, Mispeln
Dezember (heimische Lagerware)	Äpfel, Birnen

Erntekalender für Gemüse

Monat	Was kann geerntet werden?
Jänner und Februar (heimische Lagerware)	Chinakohl, Erdäpfel, Karotten, Knoblauch, Kohl, Kren, Weiß- und Rotkraut, Kürbis, Maroni, Pastinaken, Petersilienwurzeln, Lauch, Rote Rüben, Gelbe Rüben, Schwarzwurzeln, Knollensellerie, Steckrübe, Topinambur, Zwiebeln
Jänner und Februar (heimische Frischware)	Kohlsprossen, Lauch
März (heimische Lagerware)	Karotten, Knoblauch, Kohl, Kren, Weiß- und Rotkraut, Kürbis, Pastinaken, Petersilienwurzeln, Lauch, Rote Rüben, Gelbe Rüben, Knollensellerie, Steckrübe, Zwiebeln
April (heimische Lagerware)	Karotten, Knoblauch, Kren, Rotkraut, Pastinaken, Petersilienwurzeln, Lauch, Rote Rüben, Gelbe Rüben, Knollensellerie, Zwiebeln
April (heimische Frischware)	Jungzwiebeln, Weißkraut, Mangold, grüner Paprika, Radieschen, Rhabarber, Spargel, Spinat
Mai (heimische Lagerware)	Karotten, Knoblauch, Kren, Petersilienwurzeln, Rote Rüben, Gelbe Rüben, Knollensellerie
Mai (heimische Frischware)	Jungzwiebeln, Karfiol, Karotten, Kohlrabi, Weißkraut, Mangold, grüner Paprika, Radicchio, Radieschen, Rettich, Rhabarber, Stangensellerie, Spargel, Spinat, Zwiebeln
Juni (heimische Lagerware)	Knoblauch, Kren, Rote Rüben, Gelbe Rüben, Knollensellerie
Juni (heimische Frischware)	Brokkoli, Erbsen, Kartoffeln, Fenchel, Fisolen, Gurken, Frühlingszwiebeln, Karfiol, Kohl, Kohlrabi, Weißkraut, Rotkraut, Mangold, grüner Paprika, Tomaten, Lauch, Radicchio, Radieschen, Rettich, Rhabarber, Stangensellerie, Spargel, Spinat, Zucchini, Zwiebeln

Monat	Was kann geerntet werden?
Juli (heimische Frischware)	Brokkoli, Erbsen, Kartoffeln, Fenchel, Fisolen, Gurken, Frühlingszwiebeln, Karfiol, Karotten, Knoblauch, Kohl, Kohlrabi, Weißkraut, Rotkraut, Mangold, Mais, Melanzani, grüner, gelber und roter Paprika, Tomaten, Lauch, Radicchio, Radieschen, Rettich, Rote Rüben, Gelbe Rüben, Knollensellerie, Stangensellerie, Spinat, Zucchini, Zwiebeln
Juli (heimische Lagerware)	Kren
August (heimische Frischware)	Brokkoli, Chinakohl, Erbsen, Kartoffeln, Fenchel, Fisolen, Gurken, Frühlingszwiebeln, Karfiol, Karotten, Knoblauch, Kohl, Kohlrabi, Weißkraut, Rotkraut, Kürbis, Mangold, Mais, Melanzani, grüner, gelber und roter Paprika, Tomaten, Lauch, Radicchio, Radieschen, Rettich, Rote Rüben, Gelbe Rüben, Knollensellerie, Stangensellerie, Spinat, Topinambur, Zucchini, Zwiebeln
August (heimische Lagerware)	Kren
September (heimische Frischware)	Bohnen, Brokkoli, Chinakohl, Kartoffeln, Fenchel, Fisolen, Gurken, Frühlingszwiebeln, Karfiol, Karotten, Knoblauch, Kohl, Kohlrabi, Weißkraut, Rotkraut, Kohlsprossen, Kürbis, Mangold, Mais, Melanzani, Pastinaken, Petersilienwurzeln, grüner, gelber und roter Paprika, Tomaten, Lauch, Radicchio, Radieschen, Rettich, Rote Rüben, Gelbe Rüben, Knollensellerie, Stangensellerie, Spinat, Topinambur, Zucchini, Zwiebeln
September (heimische Lagerware)	Knoblauch, Kren

Monat	Was kann geerntet werden?
Oktober (heimische Frischware)	Bohnen, Brokkoli, Chinakohl, Kartoffeln, Fenchel, Frühlingszwiebeln, Karfiol, Karotten, Knoblauch, Kohl, Kohlrabi, Weißkraut, Rotkraut, Kohlsprossen, Kren, Kürbis, Mangold, Mais, Maroni, Melanzani, Pastinaken, Petersilienwurzeln, grüner, gelber, roter Paprika, Tomaten, Lauch, Radicchio, Radieschen, Rettich, Rote Rüben, Gelbe Rüben, Knollensellerie, Schwarzwurzeln, Steckrübe, Stangensellerie, Spinat, Topinambur, Zucchini
Oktober (heimische Lagerware)	Knoblauch, Zwiebeln
November (heimische Frischware)	Bohnen, Kohlsprossen, Kren, Mangold, Maroni, gelber, roter Paprika, Lauch, Radicchio, Rettich, Schwarzwurzeln, Steckrübe, Spinat, Zucchini
November (heimische Lagerware)	Chinakohl, Kartoffeln, Karfiol, Knoblauch, Kohl, Weiß- und Rotkraut, Kürbis, Pastinaken, Petersilienwurzeln, Rote Rüben, Gelbe Rüben, Knollensellerie, Topinambur, Zwiebeln
Dezember (heimische Frischware)	Kohlsprossen, Kren, Maroni, Lauch, Schwarzwurzeln, Steckrübe
Dezember (heimische Lagerware)	Chinakohl, Kartoffeln, Knoblauch, Kohl, Weiß- und Rotkraut, Kürbis, Pastinaken, Petersilienwurzeln, Rote Rüben, Gelbe Rüben, Knollensellerie, Topinambur, Zwiebeln

Glossar

Österreichisch	Deutsch
Dirndl	Kornelkirsche
Eierschwammerl	Pifferling
Fisolen	Grüne Bohnen
Gelbe Rübe	Gelbe Möhre
Karfiol	Blumenkohl
Karotten	Möhren
Kohlsprossen	Sprossenkohl, Rosenkohl
Kren	Meerrettich
Marillen	Aprikosen
Melanzani	Auberginen
Ribisel	Johannisbeere
Rote Rüben	Rote Beete
Staubzucker	Puderzucker
Suppe	Brühe
Zwetschke	Pflaume

Christiane Holler
Liköre, Säfte & Co.
Hausgemachtes und Heilendes aus Blüten, Früchten und Kräutern

120 Seiten, farbig, Hardcover
ISBN 978-3-7088-0512-2
EUR 14,95

Der Trend zum Selbstmachen ist ungebrochen, denn wer einen eigenen Garten hat oder gerne in der Natur sammeln geht, möchte dann auch am liebsten selbst etwas herstellen. Besonders gut eignen sich Liköre. Heilschnäpse, Säfte etc. Sie sind einfach zuzubereiten und benötigen wenig Zubehör oder Fachwissen. Dieses Buch zeigt, wie Sie aus Beeren, Kräutern und Früchten heilsame Liköre ansetzen oder Säfte und Sirupe herstellen können und liefert die nötigen Rezepturen. Eindrucksvoll bebildert von Barbara Krobath.

Heide Steigenberger
Die 1-Euro-Küche für Genießer
Frisch gekocht muss nicht teuer sein

120 Seiten, farbig, Hardcover
ISBN 978-3-7088-0539-9
EUR 14,99

Frisch und gesund muss nicht teuer sein. Mit einem Euro pro Person lassen sich viele tolle Rezepte zaubern. Vor allem die Berücksichtigung von saisonalem Gemüse hält die Kosten niedrig. Kombiniert mit Reis, Nudeln, Fleisch oder Fisch entstehen daraus köstliche Kreationen voller Vitalität, die trotzdem satt machen. Mehr als 100 schnelle und preiswerte Familienrezepte machen dieses Buch zu einem unverzichtbaren Standardwerk. Zusätzlich gibt es viele nützliche Tipps zum Sammeln, Pflücken, Resteverwerten, Einkochen und Einfrieren.